Cambias
O Cambias

Escrito por Gustavo E. Beltrán M.

Cambias o Cambias , Copyright Julio 2019
por Gustavo E. Beltrán M. ,
todos los derechos reservados.

Ninguna parte de este libro puede reproducirse de ninguna forma ni por ningún medio electrónico o mecánico, incluidos los sistemas de almacenamiento y recuperación de información, sin permiso por escrito del autor.
La única excepción es un revisor, que puede citar extractos breves en una reseña escrita en este contenido, todo el contenido es original.

Escritor: Gustavo E. Beltran M.
Portada y diseños internos de: Dayiana Oballos.
Primera edición julio 2019

CONTENIDO

Introducción	5
Prólogo	7
Capítulo I. Sistema de Creencias	
Cuidado con lo que piensas	10
Miedos	11
Etiquetas	13
Conceptos VS Formas	15
Me vale madres	16
Errores	18
Limitantes mentales	20
Libertad ajena	22
Valores y principios	23
Las cuatro patas de la mesa	25
Si me atrevo a...	27
¿Cómo crear un hábito?	29
El tiempo	31
La muerte	33
Cap. 2 Actitud	
Síndrome de la Queja	36
Consumismo	38
Vanidad	40
Actitud	43
Escuchar	47
Comunicación	49
Confianza	53
Servir me sirve	56
Relaciones	59
Amigos	60
Responsabilidad	64
Compromiso	66

Ganar siempre	69
Paz-Ciencia	71

Cap. 3 Inducir el Cambio

Cuida tus expectativas	74
El ego	76
El control	79
Detractores	81
El NO	84
Ladrones energéticos	87
Básico	90
Desapegos	92
Congruencia	95
Crecer duele	98
El pasado	101
Efectividad	103
Hoy	106

Cap. 4 Resultados

Batallas	108
Acepta	110
Elección	111
La respuesta en ti	114
Agradece	117
Misión	119
Consciencia	123
Fluye	128
Viaje	130
CONCLUSIÓN	132

INTRODUCCION

ATTRAVERSIAMO en idioma italiano significa Atravesar. Es una palabra abierta y rica de pronunciar. Contiene todas las vocales menos la u y significa: cruzar hacia el otro lado. Para mí significa moverse, cambiar.

Attraversiamo es una filosofía de vida que he hecho propia y que comparto con todos aquellos que están dispuestos a transitar el recorrido. Es mi misión de vida, so *let´s cross over*.

Luego de tatuar en mi piel la palabra *Attraversiamo* adopté el cambias o cambias como *modus vivendis*.

Todo lo que está vivo cambia, todo lo que te rodea existe en constante movimiento: la tierra, las piedras, los átomos... Nada ni nadie impone el cambio porque es natural, cíclico y congénito. Si no cambias, alguien o algo te obligará a hacerlo.

Tu mejor alternativa es estar en consonancia mientras acontece cada cambio para experimentar la plenitud de tu ser. Eso es Cambias o Cambias, una ruta para transitar el cambio, hacia donde puedes sentirte más que feliz y saberte satisfecho.

¿Cómo puedes llegar a sentirte pleno si el cambio es una constante impredecible?

Aprendiendo a estar donde quieres estar.

¿Por qué? Porque logras situarte donde deseas, porque aprendes a coexistir en los espacios y las situaciones que la vida te va proponiendo.

Como diría uno de mis maestros: *"La transformación del ser humano solamente va a ocurrir cuando te hagas consciente que necesitas cambiar"* Deepak Chopra

PRÓLOGO

Todas las experiencias que vives causan en ti emociones. Esto funciona como cualquier otra ley que conozcas, sin importar lo que hagas o pienses, la ley opera. ¿Cuál es la utilidad de las emociones? Las emociones son como un termómetro que mide el grado de satisfacción o desagrado que te provoca una cosa, un evento o una persona. Ellas controlan las expresiones faciales, el tono de la voz, la tensión de los músculos, la postura y muchos otros detalles que intervienen en tu conducta.

Son inevitables y necesarias para la supervivencia. De tu capacidad para reconocerlas y regularlas dependerá el éxito en tu vida privada y social. ¿Por qué? Imagina que tus emociones funcionan como un administrador y clasificador de experiencias de alta velocidad. De manera instintiva e instantánea te alejan de lo que te desagrada y viceversa.

A pesar de lo mucho que hoy en día se dice respecto a las emociones, continuamos siendo educados como si la mente fuera la única vía para conocer y comprender el mundo. Se nos enseñan las leyes, principios, y normas que rigen la naturaleza de las cosas, pero poco se nos entrena para conocernos a nosotros mismos y a los que nos rodean.

Una de las consecuencias mas graves de este tipo de educación es que nuestros sensores emocionales son gradualmente subordinados a los pensamientos. Los niños son tan fuertemente desconectados de sus emociones que cuando llegan a la adolescencia difícilmente pueden leer y explicar qué sucede dentro de ellos o en las cosas que los rodean. Sus mentes están atascadas de "verdades" que explican cómo deberían ser las cosas y luego de adultos no tienen margen para sentir la vida.

Muchas personas que se han dedicado a estudiar los distintos tipos de inteligencias que se conocen, han afirmado que para alcanzar el éxito la inteligencia emocional puede llegar a ser más importante que la inteligencia académica. La inteligencia emocional es un concepto relativamente reciente si se compara con la inteligencia racional. Se refiere a la capacidad que desarrollan algunas personas para regular sus emociones y a la habilidad qué poseen para interactuar con otros seres humanos.

La clave de la inteligencia emocional radica en el autoconocimiento. Si conoces la manera en la que reaccionas a tu entorno, puedes aprender a utilizar lo que sucede a tu favor. En conclusión, desarrollar tu inteligencia emocional sería vacunarte contra el fracaso.

¿Qué características poseen las personas que son exitosas en cada proyecto que emprenden? ¿Qué les hace sentirse emocionadas e inspiradas? ¿Cómo mantienen su atención e interés enfocados? ¿Quiénes son aquellos que honestamente lo logran? Hablamos aquí de personas que se han dado a la tarea de conocerse a si mismos y que además han estudiado su entorno y sus recursos. Estos individuos utilizan las emociones para leer los eventos, y la mente, para darle un sentido. Son conscientes de que todo aquello que los impulsa a tomar acción está asociado con emociones de entusiasmo, excitación y satisfacción y por contrario, el desánimo, la desidia o la negación están ligados a emociones estresantes que provocan sensaciones desagradables o dolorosas.

Si el éxito tuviera un comienzo yo diría que empieza por conectarse con uno mismo a través de las emociones y continúa con un entrenamiento disciplinado para aprender a poner atención a la voz del instinto de supervivencia, el termómetro de nuestro proceso constante de adaptación a las circunstancias. Nada ni nadie puede asegurarte el triunfo, pero si transitas este camino que te propongo sabrás que habrá valido la pena haber triunfado.

Capítulo 1- Sistema de Creencias

Cuidado con lo que piensas.

Está demostrado que el pensamiento es acción. Toda cosa creada por el ser humano fue precedida de un pensamiento. Aquello que podemos ver, tocar y que existe en forma de materia, fue antes imaginado y nombrado por alguien.

Tengo amigos que se quejan constantemente de la vida que tienen y se preguntan hasta el cansancio:
¿Por qué me suceden cosas que no deseo? ¿Por qué se me extravían objetos? ¿Por qué me asaltan y me roban? ¿Por qué me despiden? ¿Por qué tengo accidentes automovilísticos? ¿Por qué me pasan a mí estas cosas?

Realiza un viaje hacia el interior de tu mente. Enfócate en los pensamientos que te hablan de lo que te sucede. Presta especial atención a aquellos pensamientos que recrean lo que te desagrada. Analiza cómo es que tus recuerdos te describen los acontecimientos. Ahora, reconoce las emociones que emergen de tu corazón en referencia a ese asunto:

¿Existe concordancia entre lo que tu mente te dice qué ha sucedido y lo que tu corazón siente qué realmente sucedió?

La integración de tus emociones a tus pensamientos es muy importante a la hora de poder alcanzar aquello que deseas, porque los pensamientos que no están en correspondencia con las emociones que expresa tu corazón se materializan en forma de eventos que interpretas como negativos, desagradables, o desafortunados.

Recuerda que todos tus pensamientos pueden hacerse realidad; que el universo los recibe y te los manda de vuelta materializados. De esta forma puedes experimentar en carne propia donde tu mente tiene situada la atención y donde es que tu corazón tiene puesta su intención.

La observación del propio pensamiento no es tarea fácil, como tampoco lo es la integración de toda la gama de emociones que una experiencia nos proporciona. Se requiere de una actitud de indagación permanente, de un contacto diario con nuestro mundo interior, mientras estamos explorando nuestro universo exterior.

Es por ello que te invito a cuidar lo que te permites pensar. El objetivo de este trabajo de auto observación es encontrar aquellos pensamientos que te desvían de tus deseos y remover tu atención de ellos. De esta manera podrás encontrarte cada día más cerca de expresar tu verdadero sentir y en consecuencia, más cerca de materializar los anhelos de tu corazón.

Miedos

El tema es escabroso y suelo encontrar resistencia cuando invito a reflexionar sobre ello. Sin embargo, el miedo es algo cotidiano en nuestra vida. Me atrevo a decir que el miedo nos acompaña desde la infancia. De seguro recordarás haberte sentido asustado alguna vez, muchos de estos recuerdos están asociados a miedos cómo temor a la oscuridad o lo desconocido. También tendrás algún miedo aprendido porque se te asustó para que te acostases temprano, para que te comieras toda la comida o para que sacaras buenas calificaciones.

"Si no te portas bien voy a llamar a la policía". Con esta frase, cualquier niño desarrolla miedo a la policía. Un miedo irracional ante una figura pública que en teoría existe para protegerle; miedo ante la posibilidad de que ejerza su poder sobre él, para corregirle o para castigarle por su comportamiento inapropiado.

Muchos son los ejemplos que de seguro vendrán a tu mente en este momento. Recuerdos de miedos infundados, que inocularon en ti, tan sutiles que te asombra reconocer que los tienes o tan obvios que te avergüenza admitirlos. Temores con los que convives, que intervienen en tu toma de decisiones, en la forma en la que manejas tu vida, tus relaciones personales, etc. Según el diccionario de la real academia de la lengua española la palabra miedo significa: *"Angustia por un riesgo o daño, que puede ser real o imaginario"*.

Repiensa sobre la naturaleza real o imaginaria de tus miedos. Haz conciencia sobre aquellos asuntos que en tu parecer te sitúan en un riesgo potencial. Analiza si estos miedos que padeces fueron adquiridos durante tu crianza, durante tu andar por esta vida; si responden a una experiencia concreta o son fruto de amenazas o fantasías. Reconoce si acaso percibes a cabalidad el origen de lo que

te angustia; si responde a un estímulo externo o a una interpretación que haces de las cosas que te suceden.
En mi experiencia como conferencista, además de aquellos temores originados en la infancia, los seres humanos tenemos cuatro grandes miedos:

1.- A la muerte
2.- A la soledad
3.- Al fracaso
4.- Al cambio.

Cada uno de ellos refleja el desconocimiento y la negación de procesos naturales en la vida y que amplificamos desde nuestra imaginación y fantasía. Te invito a identificar tus miedos y analizarlos; tomarlos en la mano y obsérvalos uno a uno.
Pregúntales ¿por qué están ahí?; determina si son reales; comprende su sentido en tu vida; confróntalos y acéptalos.

Ya que al final del día vale la pena preguntarse: ¿Quién está a cargo: tus miedos o tú?

Etiquetas

Homosexual, negro, blanco, gordo, flaco, lindo, feo, Musulmán, Judío, Árabe, Mexicano, Latino, Sur americano... Cada etiqueta es tan solo un aspecto muy limitado del individuo que pretende describir. Esto es imaginando que nos encontramos ante el mejor de los casos y quien defina al otro, conozca plenamente el significado de cada etiqueta y las implicaciones de usarla.

Te has preguntado:
¿Quiénes seríamos si nos deshacemos de las etiquetas que nos definen?

Sin importar cuál sea la etiqueta, si con ella insistimos en clasificar a los seres humanos como se catalogan los objetos o las cosas, terminamos de una manera u otra, segregando... discriminando.

Todo lo que un individuo es o puede ser no cabe en una sola clasificación.

Si utilizamos las etiquetas para juzgar quién permanece o no en nuestro entorno, podemos incluso, apartarnos de quienes amamos, o alejarnos de personas que nos producen bienestar o beneficios palpables en nuestro cotidiano.

Recapacita sobre todos aquellos que has retirado de tu vida por qué la religión que practican no coincide con la tuya o porque no compartes sus gustos o preferencias. Religión, Género, Raza, Clase, etc., todos estos términos o conceptos contienen una definición que se basa en una observación unilateral y reducida de la realidad.

Evalúa la relevancia o el beneficio que una persona reporta a tu vida juzgándolo con una etiqueta que ni siquiera has creado, sino que te fue dada por tu familia, cultura, idiosincrasia entre otras, eso es reducir el mundo a un sí o un no; blanco o negro; bueno o malo.

¿Qué consecuencias tiene en tu vida diaria operar así? ¿Has valorado todo de lo que te pierdes? A caso, ¿vale la pena?

El uso constante de las etiquetas afecta nuestra vida social y privada. Por un lado, han causado guerras, enemistado naciones y destruido culturas; por otro lado, han separado familias; deteriorado relaciones; quebrantados sentimientos...
Es momento de quitarlas de tu vocabulario. El mundo dejará de padecerlas cuando tú tomes la decisión de dejar de utilizarlas como un instrumento para juzgar a las personas o para describir tu realidad.
No permitas que las etiquetas preestablecidas decidan por ti.

Conceptos vs Formas

Tengo algunos años ya conversando con un gran amigo, un hermano de la vida que vive en Europa, un tema que nos apasiona: el "Deber Ser". Los conceptos, las teorías, las leyes que conforman el "Deber Ser" llegan a tu vida antes de que tengas uso de razón.

Tanto la educación que te proporcionan tus padres como el sistema educativo en el que eres insertado desde temprana edad, están encaminados a instruirte de una manera en la que "tú debes ser" y te muestran un "cómo" deben ser las cosas, con el objetivo de integrarte a la familia en la que has nacido; la cultura, la idiosincrasia, las leyes de tu país, etc.

Cuántas veces has escuchado a lo largo de tu vida: tienes que ir a la escuela, estudiar, sacar buenas calificaciones, ir a la Universidad, graduarte, ser un profesional, trabajar, casarte, tener hijos, educarlos y cuando ellos ya estén casados y tengas nietos, jubilarte... y entonces ahí ya puedes hacer lo que tengas deseos de hacer.

¿No te resulta incongruente que cuando estás en el ocaso de tu vida es cuando tienes "permiso" de vivirla en tus propios términos? ¿No te parece irracional invertir todo tú tiempo y energía en alcanzar esos conceptos y teorías que encierran aquello que te dicen que "debes ser" y que probablemente no te gustan o no es lo que deseas para ti? ¿No es absurdo esperar a que aquellos que te imponen un "deber ser" te autoricen para vivir la vida que quieres vivir?

Quién eres versus quién "debes ser"; dónde estás versus dónde "deberías llegar"; qué haces versus lo que "deberías hacer"; qué tienes versus lo que "deberías tener"; que sientes versus como te "deberías sentir".

Sitúa el "quiero" versus el "tengo que". Para ello examina todo aquello que haces exclusivamente para complacer a los demás. Verifica cuáles de las actividades de tu vida cotidiana están motivadas por el disfrute y cuáles por la obligación. Evalúa desde tus relaciones afectivas, laborales, hasta la interacción más insignificante con las personas, los lugares y las cosas. Pregúntate: ¿A quién complace esa actividad? ¿A ti o a los demás? ¿Qué consigues a cambio?

Te invito que ante el sentido de la "obligación" te cuestiones:
¿Qué harías si nadie te estuviera viendo? ¿Quién serías y cómo vivirías si las consecuencias de tus actos no impactaran en la opinión que los demás tienen sobre tu persona?

Atrévete a vivir la experiencia que tienes delante pensando que hoy eres una versión mejorada de quién fuiste ayer. Disfruta tus oportunidades sin vigilar la reacción ajena. En definitiva, es a ti mismo a quien tendrás que explicarte si valió o no la pena ser el último en tu lista de complacencias.

"Me vale madres"

Esta es una expresión muy popular en México y que básicamente significa: No me importa. Me gusta llamarle *Valemadrismo*, y lo considero un mal verdaderamente preocupante que aqueja la vida profesional, personal y social de los seres humanos. Mi desconcierto surge cuando me doy cuenta de que, mucho de lo que no funciona responde a la decisión de que no nos importa.

La política, las empresas, las familias y hasta nuestro vecindario, dependen de que seamos capaces de reconocer cuál es nuestra contribución, esa que hace que las cosas funcionen para beneficio propio y ajeno. Posiblemente nadie me lo ha pedido, no me lo exigen o no seré castigado si no lo aporto, sin embargo, cuando lo hago... Cuando doy ese "extra" hago la diferencia.

Me quedo con la boca abierta cuando viajo a Suiza. Se bien al igual que tú que ellos no son extraterrestres, pero su impresionante respeto al prójimo los hace portadores de una cultura fuera de lo ordinario. No dañan lo que no les pertenece, no molestan a quién no quiere ser molestado. Son gerentes de un cambio que es placentero, favorecedor y palpable a todas luces.

En contraste, en las culturas latinoamericanas tendemos a pensarnos ajenos e irresponsables de nuestras circunstancias. Nos consumimos y agotamos en la queja, y nos acomodamos a la idea de que "nada funciona". Nuestra percepción de la realidad opera como una película en la que somos espectadores. Otros deciden, actúan y reaccionan; otros son los responsables y los protagonistas; y, en resumen: es a ellos a quién debería importarles. Entonces te pregunto: En el día a día ¿eres espectador o protagonista? ¿Qué tan *Valemadrista* eres?

¿Eres de aquellos que a menudo dice: "no lo hice porque no es mi trabajo"; "esa basura no la tiré yo"; "llego tarde porque nadie va a llegar temprano", etc.? Si tu respuesta fue sí, te haré la siguiente pregunta: ¿Qué sucedería si todos simultáneamente ignoráramos los semáforos porque nadie nos preguntó si estábamos de acuerdo en parar con el color rojo? Estarás de acuerdo conmigo en que el resultado sería catastrófico y grave.

Soy orgullosamente latino, pero respecto a otros continentes y naciones tenemos la oportunidad de eliminar el cáncer más nocivo de nuestra idiosincrasia: el *"Valemadrismo"*. Qué importa si serán los hijos de nuestros hijos los que recojan el fruto de esa siembra, vale la pena. Empieza hoy, con algo sencillo, algo que puedas convertir en un hábito que amerite ser heredado.

Decía Gandhi: ***"si quieres un cambio, empieza por ti"***. Cambia un pedazo del mundo en el que tú vives. Hoy eres tú el protagonista de tu propio mundo.

Errores

Uno de los miedos más frecuentes que tenemos los seres humanos es el miedo a cometer errores. Equivocarnos nos puede hacer sentir muy frustrados y cuando pensamos insistentemente en los motivos y consecuencias de nuestras faltas, experimentamos emociones que puede conducirnos a la parálisis.

Cuando realizas una tarea por primera vez, las probabilidades de que los resultados de tu actividad no sean los que esperas son altas. Consigas o no lo que te propones, al evaluar tu desempeño puedes reaccionar haciendo más de lo mismo, perfeccionando tu actividad, cambiando tu proceder o puedes desistir y emprender otra tarea. Sea cual sea el camino que tomes, éste te revelará si tu decisión fue una buena o mala idea.

Lo interesante de los errores es que, sin importar cuantos cometas, terminarás por aprender a sacarle partido a tu fracaso, pues ahora ya sabes con certeza qué es lo que no debes volver a hacer. Ante estas conclusiones, el miedo no tiene cabida.

Son muchas las anécdotas que se relatan de inventores, científicos, descubridores, etc. que gracias a haber fracasado en su objetivo, encontraron algo que no habían imaginado y que les aseguró un lugar en la historia de la humanidad. ¿Cómo lo consiguieron? Se aferraron a la corazonada que les hizo emprender su búsqueda y encontraron la manera de no desalentarse ante cada obstáculo. Entendieron que el error y el acierto, ambos son conocimiento y que su valor radica en saber utilizarlos. Concluyeron que:
Cada fracaso te coloca un paso más cerca del acierto.

Te invito a que sustituyas el pensamiento: "me equivoqué", por un "aún no descubro la manera".
Recuerda que la forma en la que reaccionas ante una equivocación es crucial para determinar si tus fallos se convertirán en la causa número uno de todos tus males o si, por el contrario, cristalizarán en el principio de tus verdaderas experiencias de éxito.
Cuida la severidad con la que te juzgas. Es importante que no te falte la disciplina para insistir, pero también es relevante tener la humildad suficiente para admitir un

límite o deficiencia. No hagas un currículum de tus fracasos. Se consciente de que, reflexionar sobre lo sucedido no significa utilizar tu mente para castigarte. Si vas a ser árbitro de tus propias jugadas recuerda silbar a tu favor.

Todo proceso de cambio siempre te invitará a continuar hacia delante. Reflexiona, aprende y acciona un nuevo plan. Acertar no es tener suerte, es entrenar la puntería. Es atreverse, correr el riesgo, caerse, levantarse, crecer y siempre, volver a empezar.

Limitantes mentales

¿Quién te responde cuando te preguntas: lo hago o no lo hago? Tu mente. En la mayoría de las ocasiones, todo aquello que deseas y que permanece en forma de deseo es porque, tu mente te ha dicho suficientes argumentos para que no emprendas las acciones necesarias para materializar ese deseo.

Es muy pronto o es muy tarde; nadie te va a entender o peor, se burlarán de ti; esas cosas les suceden a personas extraordinarias, a la gente normal no; seguramente esto ya lo pensó alguien, y así como estas frases puedo mencionar un sin fin de argumentos que la mente teje para "evitarte" que fracases.

Lo interesante de este mecanismo es que funciona en dos vías, puede que te evite el dolor de estar equivocado, pero simultáneamente te impedirá el gozo de estar en lo cierto; te evitará la vergüenza de no ser aceptado o comprendido, pero a la vez te impedirá la satisfacción de atinar en el blanco. Respecto a esto la mente con su amplia capacidad de evaluar escenarios; analizar probabilidades, realizar estimados de costo-beneficio; etc. se convierte en un impedimento para la realización de tus sueños.

¿Cómo saber si los argumentos que te dice tu mente operarán en función de éxito o en la evitación del fracaso? Esta es una tarea difícil, pero puedes utilizar algunos filtros, por ejemplo: todo pensamiento que en resumen te diga que no puedes hacer alguna cosa porque no estás capacitado debes ponerlo en duda, o todo pensamiento que te diga que lograrás lo que deseas cuando "tal o cual cosa pase" o "cuando tal persona te ayude", también debes cuestionarlo. Recuerda que, como todos los seres humanos, tu capacidad de creación y acción es ilimitada y nada ni nadie podría superarte en la ejecución de aquello que más amas. La razón por la que esto es así y no a la inversa es muy simple, en este mundo, en tanto se demuestre lo contrario, solo existe una persona como tú, por tanto, tus ideas son únicas e irrepetibles.

No dudes de ti mismo porque eres la mejor materia prima, pero revisa con cuidado las conversaciones que tienes contigo mismo. Investiga y corrobora con otras fuentes tus pensamientos. Las limitantes mentales funcionan como un freno de emergencia, ¿qué pasa cuando, en el carro, olvidas quitar el freno de emergencia y echas a andar el automóvil? Avanzas, pero muy lentamente. De esta misma manera sucede cuando a cada paso que das en la vida tu mente salta como si fuera un rescatista que intenta salvarte de un peligro que no existe.

No se trata de ser romántico ni arrebatado, se trata de corroborar lo que piensas con lo que sientes y procurar la coincidencia. Si tu mente te dice si y tu corazón te dice no, posiblemente estás actuando guiado por la conveniencia; si tu corazón te dice si y tu mente te dice que no, puede que estés siendo visceral. Ahora, si tu mente y tu corazón dicen si, pon tu voluntad a funcionar y hazlo, difícilmente estés equivocado.

Libertad ajena

¿Dónde están nuestros amigos?, ¿qué hacen?, ¿con quién lo hacen? y ¿qué pensaron otros de ellos? Son preguntas que hoy en día la tecnología nos permite responder sin ser testigos de cualquier evento. El vecino, el jefe, la actriz, el presidente, entre otros. todos exhiben su vida social, profesional, y personal como parte del cumplimiento de las normas de socialización de estos tiempos.

No es necesario ser una personalidad pública para que otros puedan estar al pendiente de ¿qué hacemos? o ¿qué decimos? El mejor ejemplo es posiblemente la participación que hoy en día tienen la mayoría de los individuos en las redes sociales. Esta es una actividad que no sólo forma parte de la vida cotidiana, sino que puede llegar a ser una forma muy lucrativa de generar ingresos porque hace mucho tiempo ya, que estar al pendiente y opinar sobre lo que otros hacen o piensan, dejó de ser negocio exclusivo de los medios de comunicación.

Ahora bien, ¿cómo repercute en tu vida esta forma de interacción social? ¿Qué sucede contigo cuando tu atención está centrada fundamentalmente en lo que piensan los demás? ¿Es esta una actividad inofensiva para ti? ¿Es provechosa?

¡Hagamos cuentas! Calcula la cantidad de tiempo que inviertes estando al pendiente de lo que hacen y opinan los miembros de tu familia, haz un estimado de la cantidad de energía que te consume comparar tu modo de vida con el de tus colegas de trabajo, de carrera, etc. Establece un monto determinado cómo si se tratase de una inversión y ahora analiza lo que sucedería si todo ese tiempo e intención estuvieran puestos en ti, en tus deseos, tus proyectos, tus objetivos, tus metas.

Todos esos juicios y críticas que fabricas sobre lo que te rodea son sólo tu criterio, y en su mayoría se alimentan de especulaciones de tu mente, no de datos recabados a través de tu experiencia de vida. Así como tú, los demás tienen derecho a vivir sus vidas en sus propios términos. La libertad ajena forma parte indispensable de la libertad propia.

No se puede ser libre cuando se es esclavo de lo que otros piensan, dicen o hacen. El respeto a la diversidad es ese grano de arena que tú aportas para ejercer tu derecho de ser diferente. Yo estoy convencido, es parte de mi credo, que el respeto que brindo a la libertad ajena hace que mi mundo fluya en conexiones y posibilidades. La sinergia que consigo cuando permito que los que me rodean me muestren sus diferencias es más efectiva que cualquier complacencia a mis prejuicios. Mi tiempo es mi mejor inversión, prefiero invertirlo en mi mejora, en mi auto conocimiento y en mi expansión.

Concluyo con una corta pero precisa frase de Benito Juárez, prócer de la independencia de México: *"El respeto al derecho ajeno es la Paz"*.

Valores y principios

Integridad, sinceridad, amistad, respeto, puntualidad... y "pare usted de contar". Algunas de estas palabras las hemos escuchado miles veces. A pesar de que conoces el significado de estos términos, cada persona, familia, país o cultura, realiza su propia interpretación de cómo estos conceptos funcionan en la vida práctica.

Todos los seres humanos tenemos valores y principios, es decir, todos contamos con un grupo de directrices que guían nuestra conducta y juicio, en lo privado, profesional y social. En teoría los principios y valores son universales, en otras palabras, funcionan de la misma manera para todos los seres humanos. Sin embargo, no todo lo universal es necesariamente congruente con la manera de pensar de muchas personas o no se alinea con la forma en la que muchos ven su vida.

Los principios y los valores son conceptos complejos, tanto que un individuo puede vivir toda su vida interpretándolos a medias o erróneamente.

A pesar de que desde pequeño estás inmiscuido en ellos, puedes tardar muchos años en comprender ¿qué son?, ¿cómo funcionan?, ¿cómo te benefician? o ¿cómo su ausencia o mal entendimiento te perjudica? En este sentido, la idiosincracia desempeña una compleja tarea: No se trata de entender lo que significa cada concepto, se trata de moldear tu conducta en congruencia con ellos.

¿Te ha sucedido alguna vez que al comenzar en un empleo te imponen un curso de inducción relacionado con los principios y valores de la empresa? Digamos que te resultó absurdo o aburrido hablar de esos asuntos que consideras obvios, pero en el transcurrir de los días te informa un supervisor que no llegas a articular ni la mitad de ellos. ¿Cómo es esto posible? En este escenario, ¿quién falla, la idiosincracia, la empresa o tú?

He cuestionado a mis colegas de Recursos Humanos cuando pretenden alinear a los empleados con un curso de varias horas sin tener en cuenta el tiempo que les tomará desinstalar esas conductas automáticas que ellos señalan como inapropiadas o improductivas o el que les tomará instalarlas.

Los principios y valores los aprendes en la interacción con los individuos que forman parte de tu círculo cercano. Ser consciente de ellos o modificarlos no es un asunto de confrontar a tus antecesores, es parte de madurar.

Cuando eres consciente de que todo lo que haces o dejas de hacer es la voz de tus principios y valores, te corresponde elegir. Decide implementar los que aportan bienestar a tu vida y abandonar los que no te funcionan. Recuerda que una persona que opera bajo directrices que no ha elegido es cómo una marioneta manejada por hilos.

Las cuatro patas de la mesa

No es posible estar bien en un área de tu vida, regular o mal en otra y excelente en otra. Tampoco lo es si ni siquiera estás enterado de cómo estás o no tienes el interés de cuestionártelo. Es decir, no te sentirás en bienestar a menos que la mayoría o la totalidad de los elementos que sostienen tu vida se encuentren en coherencia. Entonces habrás de comenzar preguntándote: ¿Cómo sabes cómo estás? y ¿Qué herramienta utilizas para medir tu satisfacción?

Si para medir la longitud utilizas centímetros o pies y para medir la temperatura utilizas grados, para medir la satisfacción puedes utilizar el bienestar o el malestar. Sin embargo, existen muchas personas que para realizar una lectura de su satisfacción observan el cumplimiento o no de sus metas y objetivos. Este tipo de análisis es útil para determinar si tus decisiones son funcionales o prácticas, pero poco te dirán si tus decisiones te hacen o no feliz. En este sentido, hay una gran diferencia entre evaluarte en base a tus resultados, o evaluarte en base a tu estado de bienestar. Es por eso por lo que aprender a examinarte es un ejercicio que merece la pena practicar conscientemente.

Enfoca tu observación en cuatro áreas que, en mi opinión, y de acuerdo con unos de mis maestros, Stephen Covey son los pilares del equilibrio de la vida de cualquier ser humano:

1.-**El área física. Tu cuerpo.**
2.-**El área afectiva. Tus relaciones y tus emociones.**
3.-**El área intelectual. Tu mente y tus pensamientos.**
4.-**El área espiritual. Tu conexión con Dios.**

Formular las preguntas correctas es más complejo que responderlas, así que te daré una pauta de qué tipo de preguntas te serán útiles.

Sobre tu cuerpo: ¿Cuándo fue la última vez que te realizaste exámenes de rutina? ¿Con qué frecuencia realizas ejercicios físicos? ¿Cuán balanceada o saludable es tu alimentación? ¿Cuántas horas destinas para descansar?

Sobre tus emociones: ¿Cuál es la frecuencia con la que interactúas con tu familia, tu pareja o tus amigos? ¿Te das el permiso y el espacio para expresarles tus emociones o para recibir afecto? ¿Muestras interés por las necesidades de aquellos a quién quieres? ¿Les brindas atención y cuidado?

Sobre tus pensamientos ¿Qué tanto inviertes en educarte? ¿Te das el espacio para informarte o para reflexionar? ¿Te conformas con repetir lo que escuchas o lo cuestionas? ¿Expresas tus ideas, las defiendes, las ejecutas? Sobre tú conexión con Dios: ¿Te piensas omnipotente dónde nada está por encima de ti? ¿Crees que tu vida está regida por él azar? ¿Meditas o rezas? ¿Recapacitas sobre lo que te sostiene conectado a la vida?

Puede que hoy no tengas las respuestas a todas las preguntas que te hagas. No importa, la acción de cuestionar pone tu atención en asuntos que te permiten saber de ti y te facilitan conocer si estás contento con tu propia vida.

Si me atrevo a...

¿Qué haces cuando las personas que te conocen bien te preguntan sobre cómo van esos temas de tu vida que te quitan el sueño? Te pongo algunos ejemplos: ¿Ya hiciste cita con el médico para que te revisen ese dolor que traes hace tanto tiempo? ¿Te fuiste por fin de casa de tus padres? ¿Cuánto más vas a esperar para renovar tu licencia de conducir? ¿Te decidiste a solicitar el aumento de salario que estás necesitando? ¿Le dijiste o no que ya no le quieres y que la relación que tienen no te funciona?

Si a estas preguntas has respondido: no he tenido tiempo de hacerlo; no es el momento; no me urge; no se ha dado la oportunidad; tengo problemas más importantes en este momento, etc. Es posible que estas respuestas sean ciertas o sean una buena justificación, pero no el motivo principal que te ha impedido ponerte en acción. Como lo veo yo: si te preocupas y no te ocupas, traes gato encerrado.

Esta desidia la puedes padecer no sólo en el terreno de lo que te preocupa sino también con todo aquello que deseas o aspiras. Desde asuntos tan simples como un corte de cabello, hasta temas tan complejos como cambiar de ciudad o país. Sin interesar la importancia que el asunto tiene para ti, hay una razón por la que el tiempo pasa y tú sigues sin tomar cartas en el asunto. Y toda ves que dices un "pero" en tus argumentos, en automático dejas el asunto en lista de espera.

Dar con la razón o el motivo que usas para justificar tu espera es fundamentar y expresar con honestidad el impedimento, esta es la clave para encender el motor que te hará decir: "Lo voy a hacer hoy". No he experimentado todos los problemas a los que te enfrentas, ni he deseado todos los sueños con los que suspiras, así que no puedo decirte que tan difícil o fácil te será ejecutar lo que tienes en mente, pero si puedo decirte: en muchas ocasiones, una justificación es solo una buena máscara para ocultar el miedo. Detrás de la desidia se esconde el miedo a fracasar, es decir, miedo a intentar y fallar; a apostar y salir perdiendo; a arriesgar y estar equivocado; a experimentar y terminar desilusionado o lastimado.

Debes haber escuchado alguna vez: "es mejor pedir perdón que permiso". Te has preguntado ¿por qué este dicho popular es tomado como cierto? Porque la satisfacción de superar un miedo es siempre mayor que la sensación de estar asustado. Cuando reconoces esta verdad entonces puedes sacar de tu diccionario la pregunta: ¿qué pasaría si hubiera hecho otra cosa? Piensa que, si haces todo lo que necesitas y deseas, siempre sabrás cómo resultan tus ideas y tus acciones. Experimentarás además otras ventajas. Podrás sacar de tu conciencia la culpa y la frustración por no haberte atrevido y eliminarás de tu corazón el resentimiento por lo que te debes a ti mismo y no te has dado.

Recuerda que al pasado no puedes regresar, así que no dejes la vida que quieres vivir anotada en un papel. Sé tu propio aliado, no tú impedimento.

¿Cómo crear un hábito?

En la vida cotidiana realizas numerosas actividades en las que no piensas, porque las ejecutas como si las tuvieras programadas automáticamente. Muchos de esos automáticos son hábitos. ¿Te ha sucedido alguna ves que te preguntan el por qué haces esto o aquello y tu respondes encogiendo tus hombros hacia arriba porque no sabes ni de qué te están hablando? ¿Cómo adquiriste esos automáticos? ¿Porqué los aprendiste? ¿Para qué los utilizas?, esas son preguntas muy difíciles de contestar si ni siquiera eres consciente de que actúas desde tus hábitos.

La costumbre suele hacer que no prestes atención a muchos asuntos, esta es una de las razones por las que puedes estar atiborrado de mañas y rutinas que no sabes explicar o desinstalar. Tener automáticos no es ni malo ni bueno, son necesarios para nuestra supervivencia. Por ejemplo, tener automatizado hábitos de higiene te puede ayudar para conservar un buen estado de salud sin tener que proponértelo.

Existen hábitos beneficiosos y perjudiciales. La familia, la escuela y la idiosincrasia son determinantes en la promoción de ambos, y si bien es cierto que nadie quiere transmitir a las nuevas generaciones hábitos que les perjudiquen, también es cierto que muchos de los hábitos que se transmiten de una generación a otra, no funcionan como se espera que lo hagan.

Lo elemental a saber respecto a los hábitos es que puedes crearlos en cuatro simples pasos. Para hacerlo necesitas, en primer lugar, experimentar el deseo. Todo aquello que quieras convertir en un hábito tiene posibilidades de florecer en ti. El segundo paso es imaginar o visualizar ¿cómo vas a lograrlo?, explorar las alternativas que mejor se ajusten a tu naturaleza y detallar cuáles serían las acciones que te permitirán convertir dicha actividad en un hábito.

El tercer paso es fundamentar tu hábito, saber con claridad por qué quieres desarrollar ese hábito y para qué lo utilizarás. Debes poder responder a preguntas directas como: ¿qué vas a conseguir cuando esta nueva actividad se convierta en un hábito?

El cuarto paso para desarrollar un hábito es la repetición. Muchos expertos que se dedican a estudiar la conducta humana han afirmado que si realizas una actividad durante 21 días seguidos probablemente se convierta en un hábito. Entonces repite con determinación y disciplina esa actividad que deseas convertir en hábito.

Esta información de los 4 pasos para adoptar un hábito fue aprendida en mi certificación de los 7 hábitos de la gente altamente efectiva de Stephen Covey

Ahora te invito a que te preguntes: ¿Cómo puedo desarrollar el hábito de poner mi atención donde está mi interés? ¿Acaso es posible hacer de la efectividad un hábito? Si tu respuesta es sí experimentarás rápidamente el deseo de poseer esos hábitos y como dije, querer es el primer paso para poder.

Si imaginas cómo; si crees en la potencia de poner tu mente donde está tu corazón; y te ejercitas a diario en esta filosofía, esos hábitos serán tuyos.

El Tiempo

La administración adecuada del tiempo es posiblemente uno de los hábitos necesarios para ser eficiente. Cualquier aspecto de tu vida social, laboral, familiar, o sentimental se verá seriamente perjudicado si no aprendes a manejar tu tiempo.

Escucho a muchas personas utilizar la justificación de "no me alcanza el tiempo" para explicar todo lo que no hacen:

tengo tanto trabajo que no tengo tiempo para llevar a mis hijos al parque o los niños me roban tanto tiempo que no tengo oportunidad de terminar mis estudios; nunca puedo llegar a tiempo a ninguna parte porque el tráfico de esta ciudad es imposible o si desayuno no llego a tiempo al trabajo; "hubiera querido envolverte el regalo de cumpleaños pero tuve una semana tan ajetreada que no tuve tiempo de pasar por el papel de regalo" o "mi vida ya no es como antes cuando trabajaba para la empresa, tenía tiempo para todo, ahora que el negocio es mío, no tengo tiempo para nada", etc.

Todas estas expresiones son razonables, es decir, las escuchamos y podemos entender que a alguien esto puede llegar a sucederle y es comprensible. Sin embargo, si examinamos con detenimiento cada caso podemos comprobar que todos esos asuntos tienen remedio si tan solo la persona organiza su tiempo en función de sus prioridades.

¿Qué quiero decir con esto? Pues que las cosas que priorizas consumen la mayor parte de tu tiempo, por tanto, más vale que tus prioridades estén en función de tu persona o correrás el riesgo de estar desperdiciando tu tiempo en algo o alguien más que no eres tu. Cualquier cosa que deseas compite por tu tiempo y tu atención, porque solo podemos hacer una sola cosa a la vez. Lo hayan razonado o no, la mayoría de las personas que tienen éxito en su vida, toman sus decisiones utilizando una matriz para administrar su tiempo. A continuación, te muestro la matriz del tiempo desarrollada por el trigésimo presidente de los Estados Unidos, D. Eisenhower:

Matriz de administración del tiempo	URGENTE	NO URGENTE
IMPORTANTE	Cuadrante 1	Cuadrante 2
NO IMPORTANTE	Cuadrante 3	Cuadrante 4

Las personas más eficientes operan desde el cuadrante número dos, esto quiere decir que invierten su tiempo en los asuntos que son de su interés y que se han planificado lo suficiente como para poder atenderlos a tiempo. No hacen nada que no quieren hacer y lo hacen cuando han elegido hacerlo. Operar desde el resto de los cuadrantes significa ineficiencia, ya sea que tus prioridades están establecidas, pero no estás dándoles la cantidad de tiempo que requieren (cuadrante uno); o bien porque estás dedicando el tiempo a cosas que ni te importan ni te apuran (cuadrantes tres y cuatro). Nadie es dueño de tu tiempo más que tú, prioriza y administra y llegarás a donde quieres, cuando quieras.

La Muerte

La vida y la muerte, dos misterios que han acompañado a los seres humanos a lo largo de toda su historia. A ciencia cierta, todavía nadie puede afirmar con bases científicas qué pasa después de la muerte y este desconocimiento puede generar rechazo, miedo, negación. Este es un tema tan complejo que, para muchos, el solo hecho de mencionarlo los pone en honesta incomodidad. Sin embargo, este misterio es a su vez un hecho irrevocable, todos los vivos eventualmente vamos a morir.

Misterioso porque no sabemos cómo, cuándo, porqué o para qué y verídico porque es absolutamente cierto que ocurrirá. Así como desconocida e innegable es la muerte, también lo es la vida.

Parecería que sabemos mucho sobre la vida porque nos han explicado que el corazón bombea la sangre; que el cerebro funciona con impulsos eléctricos, que la comida produce energía; que el sueño brinda reparación, pero sabemos ¿cómo vivir la vida, por qué y para qué vivirla? ¿Acaso la vida no te resulta intrigante?

Tan indiscutible como que estás vivo, tu vida tiene un sentido, un valor y un propósito, para ti y para otros. Tan seguro como que mañana volverá a salir el sol, cada día es una oportunidad para descubrir lo que es la vida a través de tu propia experiencia. Hoy es el mejor día para hacer, y cualquier cosa que hagas se convertirá en una vivencia. Acepta que no todo es a tu favor, no eres eterno, no controlas el tiempo ni tus circunstancias. Es natural temer a lo desconocido, pero no es sano vivir desde el temor. Piensa que no todo lo que está de paso desaparece ni todo lo que se queda permanece. Pasará tu cuerpo, pero se quedará tu obra, tu nombre, tu historia.
Para resumir este tema quisiera compartirte un fragmento muy conmovedor de un libro maravilloso que me hizo cambiar el concepto que tenía de la muerte. Me refiero al libro llamado "La rueda de la vida" de Elizabeth Kuttler Ross. Trata sobre las conversaciones que tiene un médico

con una niña de 11 años con cáncer y sobre la impactante perspectiva que esa niña tiene de la muerte. Cito:

"Un día llegué al hospital muy temprano y encontré a mi pequeño ángel sola en la habitación, pregunté por su madre y la respuesta que recibí aún hoy no concibo sin experimentar una profunda emoción. Me dijo ella: a veces mi madre sale del cuarto a llorar a escondidas en el pasillo, cuando yo muera creo que ella va a sentir mucha nostalgia, pero yo no tengo miedo a morir, yo no nací para esta vida y yo le pregunté: ¿y qué es la muerte para ti, querida mía? Escucha, cuando la gente es pequeña a veces nos vamos a dormir a la cama de nuestros padres y al día siguiente nos despertamos en nuestra propia cama... Pues esto mismo es, yo un día me voy a dormir y mi padre vendrá a buscarme, me despertaré en la casa de él, en mi verdadera vida"

Cierro preguntándote:

¿Cuál es tu verdadera vida?
¿Cómo quieres vivirla?

Capítulo 2 - Actitud

Síndrome de la Queja

¿Qué tanto te quejas?
Es difícil aceptar en muchas oportunidades de nuestra vida que somos personas quejándonos a diario por diversas razones, pero por más duro que pueda ser debes evaluarte en el recorrido de tu vida diaria y asumir sin engaños el nivel y la cantidad de tus quejas en ese recorrido, es importante que no te mientas que seas honesto contigo mismo al responderte, pues de lo contrario tendrás otro añadido de lo que quejarte más adelante y no debes hacerlo por todo lo negativo que ello implica.

Solemos ser inconformes y si hay calor nos quejamos del calor, si hay frío, pues nos quejamos del frio y esto se debe a la confusión que nos presenta nuestro cerebro por esas limitantes mentales de las que ya te hablé en el capítulo anterior. Y no debemos confundir el hecho de pretender cosas mejores y de querer más, con el simple hecho de quejarnos, el quejarnos no nos dará esas cosas, cuidado con lo que piensas. Esto es una línea muy delgada que debemos aprender a definir con mucho cuidado. Dicho de otro modo, hay que vivir y disfrutar lo que se tiene, lo que la vida te está dando justo ahora, eso sí, sin conformismo y, sobre todo, sin dejar de planificar lo que viene, lo que buscas, lo que quieres crecer.

Pero no por querer crecer o pretender mejorar debes despreciar tu ahora con quejas (que la mayoría de las veces son banales) y que sólo aportarán negatividad a tu existencia.

En mi experiencia como conferencista, como amigo, como hijo, entre otros roles de mi vida, he podido identificar que una de las causas más grandes para conseguir esos estados de queja es la comparación. No te compares con nadie, tu eres único, no te compares con cosas o situaciones o personas inalcanzables, se realista pues al establecer estas comparaciones lo único que se consigue es la frustración, y una persona frustrada es una persona que vivirá en una queja constante llenando su vida de energía negativa como ya te conté. Además, no podemos olvidar que el universo nos pone pruebas que tenemos que superar sin quejarnos, de lo contrario la energía negativa a la que nos conlleva esas quejas se revierten en nuevas pruebas que el universo nos pondrá por no haber vivido y asumido con alegría y buena energía el instante que nos toco vivir con lo que teníamos.

Hago un paréntesis acá para recordar al poeta Jorge Luis Borges y su poema Instantes cuando dice en uno de sus versos *"Por si no lo saben, de eso está hecha la vida, sólo de momentos; no te pierdas el ahora."* Entonces vive, vive sin quejarte, piensa que si eres una persona (como dirían en un argot muy popular) quejona, estarás dando de ti a los tuyos, a tus hijos, tus amigos, allegados, familiares, una impresión derrotista y negativa y definitivamente eso lo podemos cambiar, piénsalo, reflexiona y respóndete ¿Qué tanto te quejas?

Si eres un ser de ímpetu y con ganas de superación como lo debes ser, no te quejes, no te mientas, y podrás vivir como dijo el poeta, tus momentos en tu ahora con plenitud y alegría alejando lo malo y lo negativo de tu entorno.

Consumismo

En mi vivir diario al igual que la gran mayoría de los hombres y mujeres que habitamos en este planeta bajo el sistema que la sociedad nos impone siempre estoy consciente del reto que significa no dejarme llevar y no dejarme envolver por este y sus planteamientos masivos de consumo, que en la gran mayoría de los casos es innecesario. Aunque no pretendo ahondar en el tema específico de por qué se consume, o de que debemos o no consumir si quiero que entiendas la necesidad de resistirse a la adquisición de bienes por imposición de este sistema.

El que exista lo que conocemos todos como "consumo masivo" no tiene porque hacernos participe de ello.

Cuántas veces hemos visto en documentales de cine, en programas de televisión el tema tratado diría yo con pinzas, pues definitivamente es muy delicado, de las personas que llaman acumuladores. Esas personas que acumulan o guardan cantidad de objetos que en ningún momento hacen uso de ellos, llenando así sus espacios de desorden, suciedad y en el mejor de los casos solo de polvo, pero sea cual sea la situación, esta acumulación, este consumo de cosas que no utilizamos solo atrae y trae a nuestra vida energías negativas. Pero eso lo podemos mejorar una vez que aceptemos la necesidad del cambio en nuestra vida, no olvidemos lo que ya se dijo de la creación de los hábitos, solo necesitas veinte y un días para crearte uno, y uno de ellos puede ser el orden, la limpieza, la frescura de un espacio libre de cosas que no necesitamos, puedes empezar por revisar tu closet, probablemente tengas una cantidad de ropa que en su gran mayoría no la utilizas, pregúntate y se honesto en tu respuesta, que has comprado en los últimos seis meses o en el último año que lo mantienes guardado sin darle ningún uso o sin que tenga ya para ti alguna utilidad. Incluso es bueno que te preguntes ¿por qué compre esto? o ¿Por qué compre aquello? Y al hacerlo descubrirás respuestas que tal vez hasta te asusten al darte cuenta de que lo hiciste, dejándote llevar por ese concepto de consumismo impuesto por el sistema del que hablamos, encontrarás cosas que adquiriste porque alguien te lo vendió, no porque lo necesitaras, encontrarás otras que tal vez compraste por pertenecer a un grupo de algo o de alguien que necesitaba que tu consumieras eso sin necesitarlo.

Plantéate limpiar tu espacio y así limpiarás tu vida, empieza con el closet de tu cuarto, y prepara una bolsa, una caja o una maleta y saca de el lo que no necesites y lo que no utilices, regálalo a alguna persona carente que pueda estar necesitándolo, esto te permitirá limpiarte de energías negativas y alimentarte de energías positivas al estar haciendo el bien ayudando a otros. Indudablemente será un crecimiento espiritual para tu persona y una gran alegría para otras, permitiendo así que la energía fluya en tu existencia y te aporte para el cambio, para el crecimiento, para ese gran reto que significa tener una mejor vida. Empieza por tu closet, empieza por tu ropa y entrégala a quien sí la está necesitando, y de hoy en más, plantéate no adquirir cosas por gusto, por que otros la tienen o porque un comercial así te lo sugirió, no acumules, no mal gastes, no te unas al consumismo masivo, fluye, vibra en positivo y crece, el momento es ya.

Vanidad

Este es un tema álgido definitivamente, intrigante y, sobre todo, un tema que nos puede llegar hacer mucho, pero mucho daño. Para desglosarlo y entender mejor como nos puede afectar y de que manera podemos lidiar con el vamos a comenzar por refrescar el concepto.

Vanidad, según la RAE, en su segunda definición, es arrogancia, presunción, envanecimiento.

Definitivamente es algo sumamente delicado y es por ello sin duda que las escrituras cristianas la colocan como uno de los siete pecados capitales.

Y si de vanidad vamos a hablar es bueno recordar en líneas arriba cuando hablamos del consumismo que muchas veces nuestras conductas están cifradas en conceptos y sugerencias que a través de sugestión la sociedad nos impone, en la gran mayoría de los casos sin que ni siquiera nos demos cuenta, y lo vemos hoy en la desaforada, creciente y en muchos casos aberrante vida social que nuestra juventud hace y muestra en las redes por Internet.

Para comprenderlo mejor y antes de hacerte una pregunta que considero bien fuerte y discreta, y por la cual quiero aclararte que no es mi intención ofenderte es necesario que definamos otro concepto.

Autoestima: Aprecio o consideración que uno tiene de sí mismo.

No es absolutamente para nada malo considerarnos, apreciarnos y estimarnos a nosotros mismos, por el contrario, tenemos que saber querernos, estimularnos, darnos ánimo en lo personal para conseguir día a día esa fuerza necesaria para la proyección de nuestros sueños y objetivos en el tiempo, pero no por ello tenemos que confundir la autoestima con la vanidad, ese puente diminuto y tácito que existe entre estos dos conceptos nos puede hacer mucho daño si no sabemos identificarlo. Ahora que está más claro llego el momento de que te preguntes ¿Qué tan vanidoso o vanidosa eres?, ¿A dónde ha llevado la vanidad a esta sociedad en los últimos años?, ¿A dónde te ha llevado a ti la vanidad en tus últimos años?

En cualquier caso y cuales sean las respuestas que te das a estas preguntas, debes entender y saber que la vanidad es tan dura con una persona que detiene su crecimiento, su proyección e incluso y esto es muy delicado, detiene su evolución, envolviéndonos en un globo de sentimientos y sensaciones que calan inclusive hasta lo espiritual y son frías y superficiales, nublando nuestra visión y haciendo que no podamos ver la realidad de las cosas. Sabiendo esto y recordando nuevamente que la vanidad de la que podrías ser víctima en este momento quizá este fundamentada por agentes, situaciones y/o mensajes externos a tu persona es bueno que te preguntes, ¿cómo está afectando mi relación con las personas que me rodean el hecho de ser un o una vanidosa?, pues muchas, muchísimas veces y lo veo en cada conferencia que doy, en cada reunión con ejecutivos, con jóvenes e incluso con amigos y familiares la vanidad lejos de atraer a las personas y las energías positivas es un repelente por naturaleza para alejar lo bueno.

En muchos casos y lo vemos hoy en día en cualquier parte del globo terráqueo, las personas pueden llegar a ser tan vanidosas que incluso son capaces de someterse a circunstancia de riesgo en su vida por cambiar su apariencia física, esto no es si lo analizamos bien por otra razón que no sea tener la autoestima muy baja, por no aceptarse a sí mismos como son, y esto los lleva a confundir los conceptos y caer irremediablemente en ser una persona vanidosa, y te voy a decir un secreto y esto es absoluto. Ser vanidoso o vanidosa te puede llevar a quitarte con una cirugía un poco de carne de aquí o de allá, a colocarte un poco de tamaño en tu cuerpo aquí o allá, pero eso no cambiará tu problema, pues no es sólo cuestión de físico o de apariencia, no es utilizando una buena ropa o unos buenos zapatos donde encontrarás la cura, es en tu espíritu, en tu auto aceptación porque una autoestima enferma no se arregla con cosas materiales, se arregla con crecimiento espiritual, con logros, con metas cumplidas, se arregla con un cambio, con el cambiar el que dirán, por el como me siento, como me veo yo a mi mismo. Hay que asumir definitivamente que tener bienes más y mejores que otras personas, que tener senos más grandes, nalgas más grandes, músculos más grandes, un mejor carro o una mejor casa o cualquier otra cosa que se te ocurra no te hace más ni mejor que nadie. No te dejes engañar por la vanidad, para ser pleno y feliz en esta vida, solo tienes que ser auténtico, solo tienes que ser tú mismo.

Adaptemos entonces la palabra vanidad a la época actual. Por simple etimología, la palabra es despectiva, menosprecia, es algo que no tiene importancia que tiene poco peso, pero, hoy los avances de la ciencia y la tecnología han hecho que la vida sea más llevadera y cómoda para todos mejorando la estética y ayudando a las personas a ser más cuidadosos en su aspecto personal, te digo esto porque no podemos pensar tampoco y es por ello la necesidad de entender con claridad los conceptos antes descritos, que una persona bien presentada, bien arreglada y de buena presencia pueda ser llamada una persona vanidosa.

Tengamos cuidado en como interpretamos todo esto, no es vanidad querer superarse, tener sueños, metas y hacer lo posible siempre haciendo lo correcto por lograr estas. Si ya tienes un auto y quieres mejorarlo, tener uno más cómodo, eso no te hace una persona vanidosa, si tienes unos senos pequeños y quieres aumentar un poco su tamaño por sentirte mejor contigo misma eso no es vanidad, pero si quieres el auto nuevo o los senos nuevos para exhibirlos con el único fin de mejorar lo que dirá la gente de ti, estarás irremediablemente cayendo indistintamente de tu creencia en lo que el cristianismo denominó el pecado capital de la vanidad.

Mejora tu autoestima, cambia las necesidades materiales en la medida de lo posible por las espirituales y crece, crece y cambia, empieza ya, pregúntate otra vez ¿Qué tan vanidoso o vanidosa soy?

Actitud

Maravillosa palabra esta que tiende a ser confundida con aptitud, otra palabra que no deja de ser importante, pero tenemos que tenerlas bien claras para no confundir una con la otra, y más allá de confundirlas, nos ayudará el hecho de entenderlas para promediar en positivo nuestro comportamiento, nuestra forma de actuar en nuestro día a día, comencemos por definirlas para poder establecer diferencias que nos darán las claves que estamos buscando para nuestro cambio.

La aptitud con "p" es la capacidad de una persona para realizar adecuadamente cierta actividad, función o servicio, también se dice que es la habilidad natural para adquirir cierto tipo de conocimientos o para desenvolverse adecuadamente en una materia. Esto nos hace saber que es bueno y necesario ser apto para la actividad que queremos o que estamos desempeñando, eso está muy bien definitivamente además de ser necesario, pero por más apto que seas, si careces de una buena actitud todo se irá como se dice coloquialmente, por el caño, por ello vamos a definir actitud con "c" para entender la importancia no solo de la palabra sino de su repercusión en nuestra vida.

Actitud: Manera de estar alguien dispuesto a comportarse u obrar. También se dice qué es la postura del cuerpo que revela un estado de ánimo. Ambas definiciones poseen en sí mismas muchas claves para lograr el éxito y alcanzar la plenitud.

Por más bueno que seas en la vida, por más apto que seas en tu profesión u oficio e incluso en tus relaciones, si no vives con una actitud positiva, tu aptitud nunca te servirá de nada. Estoy cansado de ver y de conocer gente profesional, graduados en reconocidas universidades, con post grados, con doctorados incluso, que confunden ambas palabras y lo que es más triste aún gente muy preparada que no confunde las palabras y que a pesar de conocer bien su significado y tener un talento increíble en lo que hacen opaca esa gran aptitud que tienen con una actitud nefasta y prepotente que los hace caer sin darse cuenta muchas veces en la vanidad y el egocentrismo, esto en la gran mayoría de los casos lo único que deja es un andar en las nubes, porque resulta que si eres bueno en lo que haces pero vives de hombros caídos, de brazos cruzados, de queja en queja y siendo un vanidoso o una vanidosa, egocéntrico o egocéntrica por saberte apto para algo, pues tu expresión corporal y tus mensajes verbales dirán totalmente lo contrario de ti, es decir, nadie notará tú aptitud y simplemente estarás nuevamente repeliendo las cosas buenas, las buenas energías, porque tu actitud es incorrecta.

Por todo esto que ya venimos descifrando es necesario que entiendas que la actitud es una herramienta que te ayudará indudablemente a conseguir el éxito y a lograr eso tan anhelado que deseamos todos, que no es otra cosa que conseguir ser plenos, por ello debes cuidar que tipo de actitud pondrás de cara a la vida en todas esas facetas de tu andar diario, recordemos al poeta Antonio machado y al cantautor Joan Manuel Serrat que hizo canción el poema Cantares **"caminante no hay camino, se hace camino al andar"** pues bien, ese camino que te estas forjando será proporcionalmente bueno o malo según la actitud con que decidas emprenderlo, recordemos cuando hablamos de la vanidad decíamos que nadie es más que nadie, pues bien, eso aplica perfectamente para que entiendas que tu actitud ante la vida, ante tus compañeros de trabajo, amigos, familiares entre otros debe ser humilde, recta, amable siempre dispuesta a brindar calidad, buen servicio, buen trato y sobre todo, debe ser una actitud a plena consciencia que te permita disfrutarla y entenderla tú mismo para que nunca te niegues la oportunidad de crecer y mejorar en tu hermosa vida.

Hay personas que me han preguntado ¿cómo hacer para controlar mi actitud viendo las cosas tan malas y oscuras que están pasando en el mundo hoy? Y he aquí la clave para ello, no se puede controlar todo, no se puede controlar el mundo, pero si puedes controlar tu propio mundo para generar ese cambio que estamos buscando en nuestra vida, y el secreto del cambio empieza por ahí, por tener una buena actitud, pongamos un último ejemplo que quizá está algo trillado pero que no por ello deja de ser perfecto para comprender este tema.

Si un vaso con agua tiene el líquido por la mitad ¿Cómo ves tu el vaso? ¿lo ves medio lleno, o lo ves medio vacío? Si te respondes esto con sinceridad, tendrás en tus manos todo el entendimiento necesario para comenzar a cambiar tu actitud, una persona de actitud positiva te dirá que el vaso está medio lleno, pues sabe que solo le falta una mitad para tenerlo completo, y hará cualquier cosa para completarlo si así fuere necesario, pero una persona de actitud negativa, verá el vaso medio vacío y pensará que el agua se le está acabando y no hará nada por remediarlo.

Contéstate entonces ¿cómo ves tú el vaso?

Hay otro punto que me gustaría tocar acá pues definitivamente esta palabra que estamos analizando es de una importancia astral para lograr las metas y sueños en vuestra vida.

Una buena educación no paga impuestos como dicen por ahí, pero si está ligada directamente al reflejo de tu actitud, decir buenos días, o buenas tardes, saludar con cordialidad, responder cuando te preguntan ¿Cómo estás? sin hacerlo con la actitud correcta, te entierra, te subyuga, te hace pequeño e incluso aunque se lea fuerte, te mata en vida. Hay gente que respira porque aún sus pulmones, su cerebro, su organismo está vivo, pero en realidad están muertos por dentro porque su actitud está muerta. Así, que tú decides de hoy en más como enfrentarás tus nuevos retos, levanta esos hombros, levanta ese ánimo, deja crecer a tu espíritu... Cambia tu actitud que estoy seguro que eres apto para ello.

Escuchar

Oír lo hacemos todos los que no sufren de sordera pues no es otra cosa que percibir los sonidos atreves del sentido del Oído, pero escuchar, no todos sabemos hacerlo.

En las cosas que tienen los demás para decirnos hay una importancia tan grande que puede que alguien en algún momento en algo que nos diga nos esté dando, nos esté obsequiando, respuestas, secretos, fórmulas, formas entre otras cosas que estamos o estábamos buscando y las perdemos por no tener o no haber desarrollado la capacidad de ser un buen escucha.

Sabiendo esto y pudiendo concientizar, es el momento de preguntarte ¿realmente sé escuchar? ¿Qué tan buen escucha soy? Reflexiónalo y como siempre deja que la respuesta que te das a ti mismo sea sincera, si te mientes y puedes tener la capacidad de entender que te estás mintiendo esto te está enseñando de una vez que no eres capaz ni de escucharte a ti mismo, cosa que es sumamente delicada, pues, si bien perdemos esos tips que otros nos dan en sus mensajes por no escuchar, al no ser capaces de escucharnos a nosotros mismos caeremos en errores tan garrafales como ser parte de *esas personas que escuchan sin oír y miran sin ver* como dice el señor Joaquín Sabina en una de sus canciones.

Tal vez esta pregunta nunca te la habías hecho, tal vez sí, en cualquier caso, es bueno que lo hagas en este momento y así encontrarás respuestas adecuadas para este proyecto de cambio que estás emprendiendo.

No podemos olvidar que hoy en día la mayoría de los problemas de comunicación que tenemos los seres humanos los estamos teniendo precisamente por no saber escuchar, desarrollamos sin darnos cuenta una capacidad gigantesca de oír a nuestro ego y de obedecer a ese impulso interior que nos pide que hablemos sin prestar atención a lo que nuestro interlocutor tiene para decirnos y en la mayoría de los casos cuando nos damos cuenta ya es tarde, ya la comunicación se rompió y es irremediable el inicio de una sucesión de problemas que nacen a raíz de esta equívoca e ineficaz comunicación con la otra o las otras personas.

Te dejo saber con tristeza, que hoy en día la tasa de suicidio a nivel mundial sobre todo en las generaciones jóvenes, y más específicamente a nivel latinoamericano crece día a día, y muchos de esos jóvenes con los nefastos pensamientos suicidas que los llevan a tomar tan trágica decisión, para apagar su luz son en muchísimo de los casos personas que la única necesidad que tenían era ser escuchados, el problema es tal que hoy en día hacen campañas pidiendo al que pueda donar su tiempo para escuchar a otros, solo eso, sin pedir dinero ni nada que comprometa tus bienes, sólo piden tiempo para que seas un buen escucha para aquellos que no encuentran o no tienen a alguien que sepa escucharlos. Otro caso que nos puede servir de ejemplo son los que van en busca de un psicólogo solo porque saben que este dedicará su tiempo para escucharlos, en muchos de estos casos no tiene nada que ver con locura ni ninguna otra enfermedad de índice neuronal sino simplemente que las personas saben que con estos profesionales la comunicación suele ser efectiva ya que estos desarrollan más allá de la necesidad de su salario la capacidad de poder y de saber como se escucha bien a otro individuo. Entonces, te invito a practicarlo con tus hijos, tu pareja, compañeros de trabajo amigos, familiares etc. Practícalo y convierte en un hombre o una mujer que sepa escuchar, las puertas se abrirán solas para ti el día que desarrolles bien esta capacidad.

Comunicación

¡Es que no te estás comunicando bien! ¡Es que no te explicas bien! ¡Es que no te entiendo! Cuantas veces hemos escuchado esto de nuestros interlocutores en nuestro trabajo, en nuestro hogar, con amigos y más. Obviamente existe una estrecha relación con el tema de saber ser un buen escucha, pero no todos los problemas de una comunicación efectiva radican ahí.

Hay que entender sobre todo para personas como lo es mi caso que dicto talleres, que doy conferencias, que me enfrento a cada rato con gran cantidad de público que las características de una buena comunicación están basadas en saber ser empático y respetuoso, y que saber esto constituye sin duda una habilidad indispensable para conseguir una comunicación efectiva. No por esto es menos importante que se entiendan otros tantos factores necesarios para lograr esta comunicación eficaz, como lo pueden ser la claridad del mensaje, la precisión con que éste se da, la objetividad de éste, lo oportuno, lo interesante, el saber ser flexible, ser un buen escucha y muy importante saber ser receptivo con nuestro o nuestros interlocutores. Si todo esto lo tenemos claro es bueno recordar ese concepto de comunicación que desde niños venimos escuchando y que es en definitiva un concepto errado, cuando nos decían que la comunicación venia dada por un emisor que transmitía el mensaje y un receptor que lo escuchaba, nos mostraban un gráfico que se representaba así:

E ⇒ mensaje ⇒ **R**

Emisor   Receptor

Con el tiempo y el avance de los estudios sociales sobre la comunicación se llegó a la conclusión que de esta manera no es efectiva la comunicación, pues en esta fórmula no existe eso que conocemos o denominamos retroalimentación o como solemos llamarlo en inglés *feedback*, de manera que después de los estudios realizados, y acá te dejo un autor por si quieres investigar en mayor profundidad sobre este tema, es el señor Mario Kaplún, él nos presentó un modelo de comunicación basado en algo que él denominó EMIREC, que no es otra cosa que el fenómeno que se da cuando el emisor se convierte en receptor y el receptor en emisor, esto permite la llamada retroalimentación y nos deja una fórmula que gráficamente se vería así:

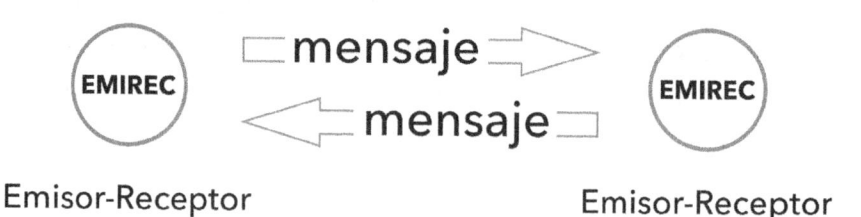

(EMIREC) ⊏mensaje⇒
⇐⊏mensaje⊐ (EMIREC)

Emisor-Receptor   Emisor-Receptor

Ahora ya tenemos un modelo de comunicación efectiva, más completo y adaptado a las formas y avances de la contemporaneidad tecnológica y humana, esto te debe invitar a realizarte la pregunta ¿Qué tan efectivamente me comunico?

Y cuando te lo preguntes debes recordar que una comunicación efectiva aplica a todos los ambientes y a todas las personas con las que te relacionas.

Acá no termina todo, pues nos toca hacer el análisis sobre aquello que se dice de que la falta de retroalimentación o en inglés *feedback*, es también una forma de dar un mensaje, es decir, al no existir una reacción explicita sino más bien un silencio nuestro interlocutor nos está dando un mensaje, un mensaje que se puede interpretar de dos maneras, puede ser que nos esté diciendo que no le interesa lo que nosotros queremos comunicar o por el contrario nos esté diciendo acá estoy presto a escuchar porque me interesa mucho tu mensaje, en cualquiera de los dos casos la ausencia de un mensaje explícito es sin duda una retroalimentación para el emisor, eso sí y esto debe quedar muy claro. Esto sucede cuando el emisor tiene la posibilidad de devolver el mensaje, ¿por qué digo esto?, pues cuando vemos un programa de televisión, por ejemplo, obviamente estamos recibiendo un mensaje, pero somos en este caso lo que los expertos en el tema denominan receptores pasivos que no es otra cosa que aquel que escucha y ve el mensaje, pero no tiene posibilidad de enviar el suyo de vuelta, no se da en ningún caso una retroalimentación. En el ejemplo que acabo de mencionar es obvio, pues sería de tontos tratar de hablar con una pantalla de TV.

En este punto donde nos encontramos de nuestro análisis, de nuestro sintetizado desglose de lo que es una comunicación efectiva pareciera que podríamos terminar, sin embargo, ahora te voy a revelar un secreto que pocas personas conocen y que será el gran amuleto en tu nuevo proceso hacia la comunicación efectiva, sin ahondar en el tema porque es tan extenso que a este, probablemente le dedique otro libro, se trata de lo que conocemos como la comunicación no verbal y que socialmente está más que comprobado que esto se refiere en su mayor porcentaje a la expresión corporal. Puede parecer paradójico, pero definitivamente es así, nuestra expresión corporal dice más de lo que dice nuestro mensaje verbal, esto desde sus primeros estudios realizados en el año 1967 por el psicólogo Albert Mehrabian pionero en el campo de la comunicación no verbal obviamente ha sufrido cambios por otros estudios desde su famosa regla original, sin embargo quiero compartir esa regla, pues aún aplica y está demostrado por los estudios modernos a ciertas situaciones, ciertos sentimientos e incluso dependiendo del interlocutor que nos acompaña, si varia, varia poco y su fórmula es así:

7% - 38% - 55%

Esta regla nos dice que la comunicación verbal es altamente ambigua, y solo el 7 por ciento de la información se atribuye a las palabras, mientras que el 38 por ciento se atribuye a la voz (entonación, proyección, resonancia, tono, entre otros.) y el 55 por ciento al lenguaje corporal (gestos, posturas, movimiento de los ojos, respiración, micro expresiones, etc.).

Esto nos lleva a concluir que la comunicación efectiva cuando se interactúa con otra u otras personas en su 93% es no verbal, así que te presento este fabuloso mundo y te doy estos datos para que comiences hoy el cambio de actitud, aprendas a escuchar, olvides la vanidad y des tus primeros pasos para convertirte en un comunicador efectivo.

Confianza

Quiero empezar este tema y seguramente también terminaré diciéndote lo mismo, yo confío en la raza humana, y quiero que nos enfoquemos en la confianza dada y recibida por nosotros respecto a los demás, pese a la importancia que debe tener que confíes en ti mismo, voy a obviar esto, pues si ya estás realizando la lectura de estas líneas significa que confías en ti, pues estas buscando un cambio y para hacer esto hay que confiar en uno mismo definitivamente, pero hablemos de la confianza como uno de los valores principales que debemos tener como seres humanos para brindar esta a los demás y para recibirla de ellos.

Una relación humana cualquiera que esta sea, de pareja, amistad, de trabajo entre otras siempre estará cimentada en la confianza, si no existe o hay indecisión a la hora de confiar en el otro o a la hora de que el otro confíe en nosotros esta relación sin lugar a duda estará en problemas.

Desde que somos niños aprendemos a confiar en nuestros seres queridos, cuando jugábamos tranquilos y teníamos hambre seguíamos jugando confiados de que mamá nos tendría ese plato de comida para el almuerzo, o cuando enfermábamos, sabíamos que podíamos confiar en los cuidados de nuestro padre, nuestra madre, nuestro abuela, abuelo o hermanos, en fin, aprendimos desde pequeños a confiar, pero al convertirnos en adultos podemos llegar a sentir mucha desconfianza cuando una persona no se nos muestra como esperamos. Por ello es bueno que en este punto hagas una auto evaluación y te preguntes:

¿Qué tan grande es la confianza que depositas en los demás? ¿Qué tan grande es la confianza que inspiro a otros?

En mi experiencia como hijo, como amigo, como compañero de trabajo, he constatado que al confiar ciegamente en los que me rodean y su capacidad se consigue que las cosas fluyan en nuestra vida de forma y manera natural.

Al depositar nuestra confianza en el otro adquirimos la seguridad de que lo planeado o lo necesitado se nos dará, pues no estamos esperando en ningún caso que se nos falle, esta es una vía para practicar la confianza, no siempre saldrá como lo esperamos obviamente, nos tropezaremos con personas que destruyan o que abusen de esa confianza que entregamos, pero de algo estoy seguro, son mucho más los seres humanos que valoran la confianza que los que aún no han entendido que patear o pisotear a esta solo trae problemas y desaciertos.

Pero también está la otra vía de práctica de la confianza y en está quiero ser enfático, pues es parte de ti y será en cualquier caso otra de las herramientas que indudablemente te llevarán a conseguir el éxito y la plenitud, y no es otra que la confianza que haces que otros sientan y depositen en tu persona a través de tus acciones. Repite la pregunta:

¿Qué tanta confianza estoy generando en la gente que me rodea? Cuando te hayas respondido esto, pregúntate:

¿Qué pasa cuando la confianza se pierde? La respuesta de esta pregunta puede revelarte muchos errores del pasado o algunas frustraciones del antes y el ahora de tu vida.

Pero concentrémonos en el ahora, en las relaciones que están por venir, ahora que estas dispuesto a cambiar, en mi caso, y te invito a que así lo practiques, cuando yo empiezo una relación con alguna persona, bien sea laboral, de pareja, de amistad o la que fuere, pues podría aplicarse perfectamente toda esta sapiencia a una relación institucional por ejemplo, te va a funcionar igual,

Cuando yo empiezo una relación nueva deposito mi confianza en el otro a un cien por ciento, es decir confío plenamente, y así la relación comienza a transitar su camino absolutamente sólida, si pasa por algunas acciones o razones que la confianza que deposité o que depositaron en mi se ve afectada, entonces debo reconocer que los seres humanos cometemos errores y esto no tiene por que afectarnos y no tiene por que poner fin a esta relación, recordemos que errar es de humanos.

Pero no hay que olvidar que el hombre más grande no es el que se tilda de perfecto, es el que tiene la capacidad de cometer errores, reconocerlos y actuar en función de remediarlos, por ello si la confianza en una relación decae, es posible que la recuperemos al asumir esos errores y al demostrar con buenas acciones que fue solo eso, un error y que estamos dispuestos a repararlo, eso evidenciará nuestro carácter y hará sin duda que la otra institución o persona recupere o nosotros recuperemos la confianza plena, es muy probable además que si esto pasa esa confianza se acentúe y crezca.

Yo lo digo en mi credo, creo en la voluntad y en la bondad de la raza humana y si logramos creer sabremos que es posible vivir con confianza, confiando en nosotros mismos, confiando en los demás, confiando en la raza humana.

Ya casi lo olvidaba, y no quiero terminar sin darte un secreto, sonríe siempre, una sonrisa sincera es generadora natural de una gran confianza.

Servir me sirve

A lo largo y ancho de la historia los hombres han tendido a confundir servilismo o servidumbre con el arte de servir y ya basta de tener esta clase de confusiones en nuestras vidas, el servicio más allá de ser bueno y justo es absolutamente necesario en la vida de cualquier ser humano, desglosemos esto para entender bien este asunto.

Servilismo: Es la tendencia exagerada a servir o satisfacer ciegamente a una autoridad.

Servidumbre: Son las personas que trabajan prestando servicio doméstico.

Servir: aunque se enlaza en muchas formas de la lengua española que derivarían en un sinfín de aplicaciones de la palabra a muchos objetos o acciones, nosotros tomaremos solo el concepto que nos permite transformar la palabra servir en la frase "el arte de servir" para definirlo así.

Servir: Es estar apto, capacitado y dispuesto a dar lo mejor de nosotros en función de la satisfacción de la persona a la que queramos serle útil.

Ya definido el cómo interpretaremos lo que es el arte de servir empecemos por entender que para prestar un servicio no necesariamente tenemos que trabajar en industrias o compañías que son justamente conocidas por el arte del servicio, como lo es un hotel, un restaurante o cualquier otra de ellas que presten servicio directo al público, en todas encontraremos individuos dedicados exclusivamente a prestar un servicio a alguien que en la mayoría de los casos está pagando para recibir este, y esto es precisamente lo que convierte la palabra servicio en la frase "el arte de servir", cuando alguien da su dinero esperando un servicio esta esperando sin duda alguna, la excelencia, y poder brindar esta excelencia a esa persona es lo que nos convierte en los artistas del "arte de servir".

Esto lo tengo muy claro en mi vida porque empecé mi carrera profesional graduándome precisamente en una escuela donde me enseñaron a ser útil en la industria de la hotelería y el turismo teniendo que pasar por momentos que me han llevado a al lugar donde me encuentro hoy en día, desde limpiar con mis manos un inodoro, hasta servir comida en una mesa para ejecutivos, familias, preparar camas, tragos, entre otras tantas situaciones que me enseñaron muy bien esto que es "el arte de servir" y lo que significa la excelencia.

Pero no revivamos mi pasado, hablemos en presente, hoy en día cuando dicto mis cursos de servicio al cliente les hablo a los participantes de algo que yo he denominado el factor "wow" y esto no es otra cosa que esa expresión que logramos en nuestro cliente cuando conseguimos con el servicio que le prestamos ir mucho más allá de sus expectativas dándole mucho más de lo que él esperaba, que en la mayoría de los casos como ya lo había mencionado fue algo pagado.

Vamos un poco más profundo, seguramente has escuchado en algún momento de tu vida esa famosa frase de Juan Emilio Bosch Gaviño gran cuentista, ensayista, novelista, narrador, historiador, educador y político dominicano, (al que te invito a leer si gustas de la buena literatura) *"Quien no vive para servir, no sirve para vivir."* Y es definitivo que en esta se plasma todo el secreto del "arte de servir", porque lo que realmente necesitamos entender los seres humanos y esta es otra de las herramientas necesarias para lograr el cambio, es que el servicio se presta desde el corazón, sea a quien sea que lo estemos prestando, no necesariamente tiene que ser un cliente o alguien que pagó esperando este, también debe ser así cuando servimos a nuestros familiares, amigos compañeros de trabajo etc. Y esto sin duda al practicarlo de esta manera devolverá a tu persona infinitas cosas, acciones, gestos y emociones cargadas de energías muy positivas.

Quiero concluir este punto con una palabra que es necesaria para todo, pero específicamente para "el arte de servir" es indispensable y no es otra que entendimiento, entender a plenitud que sirviendo de corazón en la medida de las posibilidades a quienes te rodean, estarás sirviendo a la sociedad y al universo, y eso te causará sin duda alguna que tu vida se proyecte a dimensiones que tal vez hoy te sean desconocidas.

Relaciones

No estamos solos en el universo y mucho menos estamos solos en este mundo y en esta sociedad, no somos ermitaños, somos seres humanos rodeados de seres humanos y como principio básico de la vida tenemos que entender las relaciones entre nosotros precisamente como eso que somos, seres humanos, seres que por naturaleza somos sociables por eso vivimos en sociedad. Esto me lleva a recordar una lectura que hice de un libro que escribió un gran empresario venezolano llamado Gustavo Cisneros que se llama *Un empresario global* donde él dice que lo que te va a garantizar el éxito en tu vida más que un titulo universitario son las relaciones humanas, y no solo estoy absolutamente de acuerdo con él, sino que basado en mi propia experiencia puedo decirte que durante mi carrera como profesional jamás he pretendido un trabajo tocando alguna puerta o participando en entrevistas con un currículo bajo el brazo. Desde que comencé este largo camino que ya llevo transitado siempre fueron las recomendaciones humanas que fui forjando durante toda mi vida las que me condujeron a conseguir el éxito y la plenitud de la hoy gozo.

El secreto, no, no es un secreto, es simplemente la palabra que te di cuando hablamos del arte de servir, entendimiento, entender que cada ser tiene un carácter diferente, que puede que una persona te caiga mejor que otra o que alguien no te caiga tan bien, perfecto eso es normal, pero no por esto te debes permitir empañar la posible relación que puedas establecer con esta persona; debes saber manejarlo y marcando los límites y las pautas con discreción y sin vanidad, no tienes por que desecharla de tu vida, pues no sabemos el día de mañana quien de los que vamos dejando en el camino será el que nos extienda la mano, dicho brevemente sería así:

Relaciones humanas es igual a éxito.

Ya teniendo esto en claro es bueno que reflexiones y te preguntes ¿Qué tan sanas son mis relaciones humanas? ¿Qué tanta importancia le doy a las relaciones humanas y todo lo que ellas engloban?

Se que es un tema muy extenso y no quisiera que te fueras a aguas profundas, quiero que te concentres en revisar estas preguntas basadas en esas relaciones directas que tienes con los que te rodean, te asombrará darte cuenta de cuanto puedes cambiar en ti y en los demás si eres capaz de mejorar, de hacer crecer en positivo esas relaciones humanas, atención con algo, no quiero decir con esto que todas esas relaciones o posibles relaciones sean obligadas, para nada. De hecho, más de una tendrás que desecharla, pues también hay que saber identificar cuando una relación es tóxica y puede ser perjudicial para ti, hay que saber decir no, pero esto de saber decir no es un tema para las próximas paginas pues merece toda la atención. Concéntrate por los momentos en experimentar la mejoría en tus relaciones humanas con las que ya tienes establecidas en tu vida por ahora, piensa en bondad, congruencia, confianza, amistad entre otras y demuéstrales a todos que el rey, reina de las relaciones humanas llego y que ese rey, reina eres tú.

Amigos

Quiero empezar diciéndote o confesándote, que yo soy millonario en amigos y que la verdadera fortuna de un hombre se basa en la amistad y no en otra cosa, esto nos brinda una fórmula más compleja si le sumamos las relaciones humanas, algo que quedaría así:

Amistad + relaciones humanas = éxito indiscutible.

En Venezuela se dice que amigo es el ratón del queso y se lo come, también y esto ya no es en Venezuela esto lo puedes escuchar en cualquier lugar, "yo no tengo amigos", "la amistad no existe" o "los amigos son unos interesados" permíteme decirte y asegurar que esto no es verdad.

La amistad sí existe y es tan profunda y valiosa que, si tu no tienes amigos debes preocuparte, o más bien ocuparte con absoluta seriedad de tenerlos, de lo contrario estarás condenado a tener una vida triste y vacía.

La amistad es algo trascendental que durará cuando es sincera toda una vida y más, ¿Quién no la ha deseado a borbotones? ¿Quién no ha escuchado ese famoso tema musical del señor Roberto Carlos *"yo quiero tener un millón de amigos y así más fuerte poder cantar"*? es eso precisamente, es fuerza, es inspiración, son ganas de cantar, de amar, es saber y sentir lo importante que eres porque todos sabemos que cuando una amistad es sincera es algo incondicional.

En mi vida existen tantos amigos que, aunque junte mis dedos de los pies y las manos no me alcanzan para contarlos, tengo amistades de más de treinta años, más de veinte, amistades de uno o dos años e incluso amistades recientes de a penas meses, pero amistades al fin pues son relaciones que se crean sin intereses o limitaciones sentimentales y son personas que invitas y aceptas que se involucren y sean parte de tu vida. Hay un concepto de amistad que lo desarrollan así:

Amistad: Es toda relación de afecto donde se involucra el amor sin contar a nadie de tu familia.

A pesar de no estar mal, yo quiero diferir en esto porque en mi experiencia he podido constatar que se puede ser por ejemplo primos y además ser amigos, pero lo que si es definitivo es que el amor está inevitablemente involucrado sino no es amistad.

No quiero nombrar a ninguno pues al escribir el nombre de mis amistades tendría que dedicar largas líneas a ello y sería una lectura para ti algo tediosa, sin embargo, te pido permiso para decirles a todos ellos que los amo. Quiero dejar también bien claro acá que cuando una amistad es sincera no es necesario verse a diario o hablar a diario, aunque confieso que tengo amigos que, si a diario no se de ellos algo en mi interior se pone triste, pero lo que te quiero decir es que una verdadera amistad es aquella que, aunque tengas días, meses e incluso años sin verse, cuando vuelven a encontrarse, es como si hubieran estado juntos el día anterior.

Sin embargo, hoy por hoy, existe una puerta que si la utilizas como yo, y si no es así, pues es hora de que lo hagas, y no es otra que la tecnología, la maravillosa tecnología que nos coloca a solo un *click* de mantener viva esa llama divina que es el amor de una verdadera amistad.

Veamos ahora el origen de la palabra amistad:

Pese a que el origen etimológico de la palabra amistad no ha podido ser determinado con exactitud, hay quienes afirman que proviene del latín amicus ("amigo"), que a su vez derivó de amare ("amar"). Lo que definitivamente nos enseña que una verdadera amistad está llena de amor, y si no hay amor en ella repito, entonces no es una amistad.

En este momento quiero decirte que cuando escuchamos de alguien "es que este era mi amigo pero se convirtió en mi enemigo" eso no es posible, pues cuando una amistad fue sincera, lo más que puede pasar si existe algún problema (que debe ser grandísimo para lograr quebrar una amistad sincera) si existiere ese problema pudiera ser que tu amigo y tu se alejen pero cuando una amistad fue sincera, jamás podrá terminar en que las partes sean enemigos, dicho esto quiero que sepas que yo no se si tengo enemigos, pero si estoy seguro que yo no soy enemigo de nadie, y te invito a que en tu vida hagas lo mismo pues considerarse enemigo de alguien, albergar sentimientos que te hagan pensar que eres enemigo de alguien no es más que una perdida inmensa de energía para tu vida y gran freno para tu cambio y para el logro del éxito y la plenitud. No somos monedas de oro que tengamos que caer bien a todos, eso lo sé y estoy consciente como te pido a ti que lo hagas también, pero esto en ningún caso significa que debes ser el enemigo de nadie.

Llego el momento de la controversia contigo mismo haciéndote unas preguntas ¿Qué tan buen amigo soy?

¿Qué tan reciproco soy con mis amistades? Y cuando hablo de reciprocidad no me refiero en ningún momento a lo material, pues ninguna amistad en ningún caso puede medirse o levantarse sobre bienes o cosas materiales, me refiero al hecho de dar y recibir, pues a veces tenemos la falsa creencia que dando estamos haciendo todo y no evaluamos que tan buenos somos para recibir, y una amistad no es solo dar, también tienes que saber recibir, evalúa esto.

Revisa entonces tu lista de contactos no dejes pasar más tiempo y contacta a tus amigos para que le recuerdes cuanto los amas, eso sí, de hoy en más recuerda siempre la fórmula:

> **Amigo + relaciones humanas =**
> **Éxito indiscutible**

Por último y para cerrar este importantísimo tema de la amistad quiero invitarte a que busques en youtube al maestro catalán Joan Manuel Serrat y escuches dos temas musicales de este fabuloso poeta, interprete y cantautor llamados *Juan y José* y *Decir amigos*, en ellos encontraras toda la riqueza de la palabra amistad expresada por un grande de nuestra historia musical universal.

Responsabilidad

Es mucha la confusión que encontramos en los alrededores de esta palabra debido a que la gran mayoría de las personas la relaciona con la hora de llegada o con el cumplimiento de alguna labor asignada y déjame aclararte que la responsabilidad, aunque esté ligado a estos hechos sin duda alguna, va más allá. La responsabilidad es en realidad la habilidad de responder.
La palabra Responsabilidad proviene del término latino *responsum* (ser capaz de responder y corresponder con otro).

Esto nos lleva a entender que debemos y somos responsables por absolutamente todo lo que hacemos, decimos e incluso por lo que no hacemos y no decimos, esto no es tan difícil de entender, te preguntarás ¿Cómo voy a ser responsable por algo que no dije? Te pondré un ejemplo: si te encuentras ante una injusticia y tienes la oportunidad de defenderla con tus conocimientos o con tu opinión y te quedas callado ante esta, estarás siendo responsable de las consecuencias que dicha injusticia acarree.

Dicho esto, es bueno aclarar que puedes sentirte responsable si eres de las personas que tiene como bandera en su vida la puntualidad, si eres puntal eres responsable, pero solo de eso de la puntualidad, y como ya te expliqué la responsabilidad va más allá, de manera que, si eres una persona puntual, pero no tienes capacidad de respuesta entonces no eres una persona responsable del todo.

Una de las cosas que marca una diferencia palpable entre el reino animal no racional y nosotros los seres humanos es precisamente la responsabilidad, y esta viene tomada de la mano de nuestra consciencia pues somos y tenemos que ser capaces de controlar lo que hacemos y decimos, haciéndonos responsables de ello, es decir, en lo que sientes, en lo que piensas, en lo que haces, en lo que dices está implícita la responsabilidad, tú responsabilidad.

Es momento de que te hagas la pregunta ¿Qué tan responsable estoy siendo en mi vida? ¿Qué tan responsable estoy siendo con mi vida? Fíjate que la diferencia de las dos preguntas la marca una palabra, pues ser responsables con los demás sin ser responsable contigo mismo o viceversa no te hace tampoco una persona totalmente responsable, habrá que poner en práctica entonces este gran valor humano tanto para nosotros como para los demás.

Para que logres las respuestas sinceras a estas interrogantes debes hacerlo con un nivel de consciencia muy maduro, mirar a tu alrededor y darte cuenta de la cantidad de cosas increíbles que están pasando en el mundo, en la vida hoy, algunas buenas, otras no tan buenas, pero todas de una u otra forma te incumben, pese a esto, trata de enfocarte en ti, en tu persona no dejes que estas situaciones te condicionen y evalúate ¿Qué tan responsables eres?

La vida te enfrentará día tras día a diferentes situaciones donde tendrás que poner a prueba tu nivel de responsabilidad quieras o no, por ello es tan importante que descubras qué tan responsable eres, qué tanto nivel de respuesta tienes para estas situaciones. En otro punto hablaremos del pensamiento, pero debes tener en cuenta que el pensamiento se convierte en acción y por ello has de tener cuidado con lo que piensas pues al pensar atraes cosas y energías a tu vida de las cuales tendrás que asumir la responsabilidad, pero sin lugar a duda ser íntegramente responsable es otra de las herramientas que te conducirán al éxito y la plenitud.

Compromiso

Una palabra que a todos nos causa un poco de miedo y un poco de duda, fíjate bien que me estoy incluyendo, cuando digo que a todos nos pasa, y si, tenemos que empezar por aceptar esto, así trataremos con la responsabilidad y la seriedad que se merezca cualquier compromiso que queramos o debamos asumir.

Según el diccionario de la RAE (Real Academia Española) la palabra o vocablo compromiso proviene del latín (compromissum) y significa "obligación contraída" **y** "palabra dada", yo quiero sumarle a ello las palabras acuerdo y convenio, con el fin de hacerlo un tanto más complejo.

Pues bien, cuando asumimos un compromiso estaremos entonces cerrando un convenio o acuerdo, dando nuestra palabra, asumiendo una obligación con alguien, pues es obvio que para que exista este compromiso debe darse entre dos partes o más. Y hablo del compromiso como pacto aplicable a una persona que amas, a un amigo, a una persona jurídica, entre otras, incluso y esto es muy necesario, existe el compromiso contigo mismo, existe esa necesidad de que te comprometas con eso que has pospuesto tanto, con eso a lo que tanto miedo puedes tener por el hecho de aludir el compromiso que ello significa, pero esto es indudablemente algo de suma necesidad y absolutamente necesario; debes comprometerte contigo. Asumo ya lo tienes bastante claro por eso estás buscando en este momento tu cambio y te advierto, de no ser así no se puede cambiar pues es imposible que sin compromiso exista el cambio.

Debes de hacer del compromiso tu *"modus vivendi"* o lo que es lo mismo tu modo de vida, y debes de estar listo para comprometerte con lo más sencillo y con lo más complicado que pueda aparecer en tu camino.

Tomemos como ejemplo para entender los errores que podemos cometer por falta de compromiso el alarmante numero de divorcios que existen a nivel mundial, no solo en nuestros países latinoamericanos sino en el planeta entero, es inmenso el número de casos de estos, pues las personas contraen ese contrato que significa el matrimonio sin realmente estar comprometidos con lo que ello conlleva, y esto no es por otra razón que no sea el hecho de que nunca se preguntaron que tan comprometidos estaban realmente para asumir un reto de tal magnitud, insisto, sino sabes, si no conoces tu nivel de compromiso al emprender un proyecto nuevo, al realizar ese contrato nuevo sea de la índole que sea, lo más probable es que estés en rumbo irremediablemente hacia un fracaso que te afectará más temprano que tarde al asumir tal responsabilidad.

Ahora, ¿por qué suceden estas cosas? La respuesta esta a la vista y es muy simple, las personas que viven estos fracasos son personas que se casan y al hacerlo ya están pensando en el divorcio y no en el compromiso del matrimonio, o comienzan un trabajo y al emprender en la nueva empresa ya están pensando que renunciarán o que podrán ser despedidos en un par de meses o tal vez menos, pero no están pensando en el compromiso que este nuevo puesto laboral representa, y todos los hombres y mujeres que conforman esta sociedad y emprendan cualquier camino nuevo en su vida con esta mentalidad y no con una mentalidad responsablemente comprometida, están destinados al fracaso.

Te invito entonces a que reflexiones en una escala del uno al diez que tan comprometido estás con las cosas de tu vida, con la gente que forma parte de tu vida, con tu trabajo, etc.

Cuestiónate con severidad para que tu respuesta sea cien por ciento veraz ya que sólo tú lo puedes hacer, así sabrás que tan comprometido estás y tendrás en tus manos esta nueva herramienta para lograr el cambio.

Ganar siempre

A quien considero el gran mentor de mi vida, el Señor Stephen Covey dijo *"Trate primero de entender, luego, de ser entendido"*. ¿Por qué comienzo con esta frase? Sencillamente para poder comprender esas innumerables situaciones que vivimos donde escuchamos o decimos, no, yo tengo la razón, no, tú la tienes y podemos pasar la vida de esta manera y no nos damos cuenta del tiempo que perdemos discutiendo sin llegar a ningún acuerdo. El señor Stephen Covey lo denomina el cuarto hábito de la gente altamente efectiva y no es otro que *"ganar, ganar o no hay trato"*.

Esto es algo muy sencillo realmente y para entenderlo vamos a plantearlo así, las grandes guerras, las grandes discusiones o los mayores desacuerdos que se dan en este mundo vienen dados por no saber comunicarnos, por no saber escuchar, por no saber ceder o simplemente por no saber dar, ¿cuantas veces escuchaste que te dijeron, "es que tú no das tu brazo a torcer"? o ¿cuántas veces lo dijiste tu a otra persona?, pues bien, de eso se trata.

Cuantas veces te ha pasado que te ves envuelto en una discusión que no querías tener, que no sabes porque la estás teniendo o la tuviste y lo que es peor, cuantas veces has estado envuelto en discusiones que ni siquiera tienen sentido para ti, imagino que muchas pues todos en algún momento pasamos por esta experiencia, pero bien, esto no es el fin, por el contrario estas experiencias vividas son las que nos dan las claves para mejorar y para aprender que en la vida se trata de ganar, ganar y no de mantenerse en círculos viciosos de desacuerdos que en muchos casos no tienen fin o no llevan a ninguna parte.

El amigo - enemigo que tenemos todos, el ego, es causante con su voz interior en muchos de estos casos de que nos veamos frente a estas situaciones, el nos dice desde adentro que reconocer que el otro o los otros tengan la razón es perder, y esto no necesariamente es así, nadie es dueño jamás bajo ninguna circunstancia de la verdad absoluta, puede que tengamos diferentes formas de apreciación e interpretación sobre un tema cuando discutimos o debatimos con otros y esto no es indicativo necesariamente de que alguno de los dos esté equivocado.

Cuando nos veamos envueltos en este tipo de situaciones tenemos que respirar, relajarnos, y poner en práctica lo que ya aprendimos acerca de la importancia de saber escuchar y la importancia de una buena comunicación, esto permitirá que la conversación fluya, que tome su cauce, que se haga amena e interesante arrojándonos resultados positivos para ambas partes, cuando esto pasa estamos viviendo el ganar, ganar y podemos decir "tenemos un trato", de lo contrario si sientes que no se puede llegar a ese nirvana que significa ganar, ganar entonces es mejor ser sincero contigo y con tu o tus interlocutores y decir "por ahora no hay trato".

Al pasar el tiempo y poder las partes llegar a otros niveles de energía se podrá sin duda retomar el tema, la propuesta, el debate que se quedo inconcluso y emprender una nueva búsqueda del entendimiento para llegar a términos donde todos sienten que dan, pero también sienten que reciben.

Esto es respetuoso con uno mismo y con los demás y arroja resultados propositivos en nuestra vida y en las de los otros. Recuérdalo así:

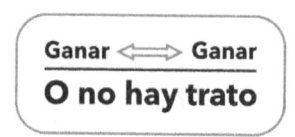

> Ganar ⟺ Ganar
> **O no hay trato**

Paz-Ciencia (paciencia)

Que virtud tan grande tiene el hombre que encuentra la paciencia en su vida, pues el que carece de ella siempre será impulsivo y esto irremediablemente lo llevará a cometer errores que después lo obligarán a tratar de ser más paciente aún para remediarlos o simplemente cargará con ellos por siempre. Y si la búsqueda es la plenitud, el éxito y esa tan ansiada felicidad entonces debemos entender que es la paciencia sin duda alguna la clave que nos llevará a conseguir eso que estamos buscando.

Dicho esto, recordemos eso que tantas veces hemos leído o hemos escuchado que dice "la paciencia es la madre de todas las ciencias" acompañada de esta maternidad como dicen otros tantos, de la prudencia, si somos prudentes, si somos pacientes, lograremos conquistar la cima de la montaña de nuestra felicidad, resumido esto sería, mientras más pacientes seamos, más plenos y más seguros nos vamos a sentir en esta hermosa aventura llamada vida, sobre todo a la hora de tomar decisiones y hacer nuestras elecciones.

Te digo esto para introducirnos en ese concepto de paz-ciencia que es un planteamiento que comparto a plenitud y que hace mi gran amiga y colega Mónica Rosales, ella dice que la paciencia no es otra cosa que la ciencia de la paz, y esto cuando lo analizamos definitivamente está lleno de lógica, pues ella nos hace la acotación de como lograr ser pacientes en un mundo donde todo son micro ondas y marcha cada día más rápido, un mundo donde el hombre se ha acostumbrado a querer más velocidad en todo, queremos más rapidez en nuestras computadoras, en nuestros teléfonos, en toda nuestra vida en general y si nos dejamos llevar por este deseo muchas veces burdo, nuestra capacidad de desarrollar esa paciencia necesaria se vera afectada.

Por todo esto y he aquí su concepto, tenemos que generar paz en nuestra vida si queremos lograr cultivar en nosotros la paciencia, ella define paciencia como el arte de aprender a estar tranquilos a pesar de las circunstancias.

Si esto lo llevamos al plano real es absolutamente cierto, porque esa enemiga en común que tenemos todos que no es otra que la ansiedad siempre trata de imponerse a la paciencia logrando que nuestro organismo actué por impulsos que no nos permiten aplicar los correctos pensamientos para tomar decisiones y emprender acciones adecuadas ante las diversas situaciones que a diario se nos presentan.

Pero la paciencia es cultivable, se pueden poner en práctica diversas actividades en nuestra vida que nos ayuden a trabajar en ello. Ella nos dice por ejemplo basándose en su experiencia que armar un rompecabezas, o dibujar un mándala son secretos muy sencillos de llevar a cabo y sumamente poderosos en sus efectos para lograr este cultivo.

Y definitivamente sí, cuando algo nos hace irremediablemente esperar el tiempo necesario para obtener un resultado nos está ayudando sin duda a lograr ser más capaces cada vez de tener esta hermosa virtud de ser pacientes. Dejar de un lado dice Mónica el querer hacer todo a la vez, cada cosa que hacemos tiene su tiempo y espacio, y por más ansiosos que estemos no lo lograremos cambiar, pongamos un ejemplo sencillo:

Estamos listos para irnos a una reunión con nuestros colegas del trabajo y ya cuando estamos a punto de salir rompe a llover y tenemos que decidir esperar que pase el aguacero para salir, pues obviamente no queremos llegar empapados a dicha reunión, pues bien, no tenemos forma de parar el agua hasta que el universo decida que ya no debe continuar, pregúntate entonces ¿qué gano poniéndome ansioso? ¿por qué caminar como león enjaulado de un lado a otro esperando poder salir? Esto no es más que una perdida de tiempo, si por el contrario eres paciente y centrado, aprovecharas ese tiempo, por ejemplo, para darle una revisión al material que presentarás cuando llegues a la reunión, harás algunas llamadas necesarias, cuadrarás alguna otra cosa que tengas pendiente y que puedas hacer por tu teléfono, en fin, ser paciente en ese momento te permitirá pensar calmado y tu tiempo de espera, pasará rápido y de forma productiva.

Resolver una cosa a la vez afirma Mónica nos ayuda a generar la paciencia hacia nosotros mismos y mientras más paciencia nos tengamos a nosotros mismos, mas paciencia lograremos tener hacia y con los demás, y la paciencia tiene que ver con la tolerancia, con el respeto, con el amor a otros.

Llego el momento de hacerte las preguntas ¿qué tan paciente soy conmigo mismo? ¿qué tan paciente soy para con los demás? Pero antes de responderlas ten presente que, si no te tienes paciencia a ti mismo, no podrás tenerla nunca para con otros, así que al responderte tienes la clave del nivel donde te encuentras y por ende sabes el punto donde debes empezar a trabajar en ello.

Capitulo 3 - Inducir el Cambio

Cuida tus expectativas

Etimológicamente el vocablo expectativo proviene del latín "expectatum" qué significa "visto". Una expectativa es algo que una persona considera que puede ocurrir, es una suposición que está enfocada en el futuro, que puede ser acertada o no.

Tantas veces hemos dicho a alguien, yo esperaba de ti tal cosa o yo esperaba de tal o cual situación, lugar entre otros, esto o aquello, e incluso, yo esperaba tanto de esto o de aquello.

Se dice, y es algo en lo que estoy absolutamente de acuerdo que "el que menos espera de algo o de alguien, más satisfacción tiene al ver el resultado.
Esto te da un mensaje claro y conciso, si te creas expectativas falsas de algo, de alguien o de algún lugar inclusive al ver resultados que no llenen satisfactoriamente esas expectativas que te hiciste sufrirás una decepción, hay un dicho muy popular y conocido por todos que nos ayuda a entender esto, "no cuentes los pollos antes de nacer" y es obvio, si tienes cien huevos y esperas cien pollitos, pero los huevos estaban enfermos y solo te nacen treinta por decir un numero, la decepción será inmensa pues las expectativas que te habías hecho, que seguramente hasta te hicieron sacar cuentas en base a cien pollos , solo serán eso, frustraciones y decepciones

por hacerte la falsa expectativa al contarlos antes de nacer.

Esto tiene que llevarte a entender que tienes que esperar el resultado de las cosas antes de hacer planes, las cosas siempre suceden como tienen que suceder no como nosotros esperamos que sucedan, y si esperamos que sucedan como tienen que suceder, si no nos creamos esas falsas expectativas pues nos estaremos ahorrando, desilusiones, frustraciones, decepciones, llantos y tristezas, puede que se sienta muy fuerte esto pero es una realidad ineludible, las falsas expectativas son tus enemigas, así de simple.

Pero hay algo que tenemos que aclarar para qué no confundas dos cosas que pueden hacerte mucho daño, las falsas expectativas y los resultados extraordinarios. Desear resultados extraordinarios es de personas líderes y está muy bien esto, pero desear un resultado extraordinario no significa que ese resultado esté desapegado de la realidad, puedes buscarlos en los planes, en las metas, en los sueños palpables, ellos están ahí. No así las falsas expectativas, estas suelen hacerse solo dentro de nuestra cabeza o en situaciones y cuentas que hacemos abstrayéndonos de la realidad de lo que será ese resultado palpable que nos dará tal situación, lugar, persona, proyecto, entre otros.

Para que empieces ya mismo a manejar con propiedad este tema analiza qué tan altas han sido tus expectativas en el pasado y que resultado obtuviste en realidad respecto a alguna situación, relación, persona etc. También pregúntatelo en presente, que tan altas expectativas tienes en este momento y que tan reales o comparables con ellas son esos resultados que estás esperando, en cualquier caso, esto se trata de aprender a sacar de nuestro ser a esas malas consejeras que son las falsas expectativas.

Resumiendo todo esto, nunca las expectativas deben estar por encima de la realidad.

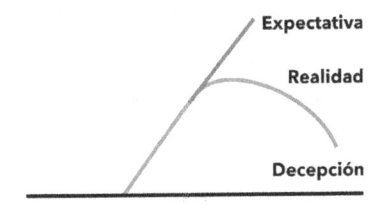

```
        / Expectativa
       /
      /  Realidad
     /
    /    Decepción
___/_____
```

El Ego

El ego no es malo si se sabe controlar por ello no hay que sentir resquemor cuándo tenemos que pensar, reflexionar o hablar sobre él. Por el contrario, hay que tenerlo bien claro en nuestra sapiencia para no permitir nunca que se nos vuelva un peso que impida nuestro caminar por esta fabulosa aventura llamada vida.
No hay que temerle por más monstruo que pueda ser, enfrentarlo con el único fin de dominarlo y utilizarlo a nuestro favor es el objetivo. Debes tener cuidado con él y tener plena conciencia de hasta donde le permites que te domine y hasta donde le permites que viva y conviva contigo, pues si escapa de tus manos el poder ser tu quien lo domina, seguramente te verás metido en muy serios

problemas para poder practicar cosas como por ejemplo, las buenas relaciones humanas, o el dominio de tu vanidad o tu paciencia entre otras cosas que sin duda se verán afectadas por él.

Según la RAE:

Ego:
En el psicoanálisis de Freud, instancia psíquica que se reconoce como *yo*, parcialmente consciente...
Además de esta definición la Real Academia de la Lengua Española, nos muestra otra un tanto más coloquial que no por ello deja de ser menos interesante, veamos:

Ego: Exceso de autoestima. Y esto es precisamente lo que vamos a desnudar aquí, la confusión de la que podemos estar siendo víctimas cuando permitimos que ese exceso de autoestima nos domine y nos convertimos enególatras. Este término egolatría procede del griego "ego" (yo) y "latría" (culto, admiración). La Real Academia lo define como el "culto, adoración o amor excesivo de sí mismo" esto llega a ser una característica de la personalidad de algunos individuos, que hacen constante alarde de una confianza en su propio potencial, cayendo en la autoadmiración y en el culto hacia ellos mismos, hasta el punto en que esta percepción exagerada puede ser patológica y causar problemas en las interacciones sociales.

Cuando hablamos de relaciones humanas dijimos que ellas te abren puertas y sin duda son las que te llevarán al éxito, pues bien, si no controlas tu ego, si te conviertes en un ególatra jamás y nunca podrás entablar estas relaciones, estarás siendo irresponsable contigo mismo, vivirás lleno de falsas expectativas.

No cometas el error que solemos cometer los seres humanos de creernos más que nadie por el hecho de tener un buen auto, vestir una buena ropa o por los números de ceros que tiene tu cuenta bancaria, tus viajes, tu puesto de trabajo entre otros, nada de eso te hace más que los demás, si sientes que por tener estas cosas eres superior, tu misión de vida y tu visión están nubladas y solo estas siendo un ególatra que caerás en cualquier momento por tu propio peso.

Una lectura que hice alguna vez y te la recomiendo por supuesto es un excelente libro, se llama "Satán" del autor Yehuda Berg, es un libro muy interesante que nos deja saber que Satán no es otra cosa que el ego, en mi experiencia, luego de dar lectura a este fabuloso material caí en cuenta que muchas veces fui engañado por este ego, que a su vez no son más que ilusiones que nos hacen perder nuestra esencia, nos hacen pensar que podemos mirar a los demás por arriba de los hombros, nos hacen pensar que somos más que nuestro prójimo y te diré algo, nada es más cerrado y más equivocado que eso.

Es tiempo que revises como está tu ego, como está tu autoestima, pero te recuerdo cómo te dije en el principio de este análisis, que tener autoestima no es malo, por el contrario es algo que nos ayuda a seguir adelante, pero hay que tener cuidado de los niveles a donde llevamos o a donde le permitimos llegar a ese autoestima, recordemos que la exageración exacerbada de esta nos convertirá en una personaególatra condenada a perder. Quiero concluir este tema dejándote algunas de las características que según estudios sociales realizados se pueden percibir en las personasególatras, para ayudarte así a que identifiques las tuyas y las de los que te rodean, pues si bien es de cuidar no caer en el ser un hombre o una mujer de ego exagerado, también debemos cuidarnos de quienes no han sabido controlarnos y se encuentran cerca de nosotros. Algunas de las actitudes, conductas y rasgos que suele mostrar una persona de ego exagerado, o lo que es lo mismo unególatra pueden ser estas:

- Tienen una percepción exagerada sobre sus atributos y cualidades.
- Confieren gran importancia al dinero y al poder.
- Tienen sentimientos de grandeza.
- Acostumbran a ser individuos solitarios, ya que a menudo generan cierto rechazo social.
- Muestran gran apego a los aspectos que refuercen su imagen de personas "exitosas". Les gusta generar envidia y celos en los demás.
- Tienden a la superficialidad, labrando amistades instrumentales.
- Suelen ser personas con poca empatía.
- No soportan recibir críticas.
- Tienen tendencia al exhibicionismo, a demostrar de forma pedante lo que tienen.

Ahora que ya sabes todo esto, puedes empezar a revisar con estas herramientas que te estoy dando ¿cómo está tu ego? Y que quieres hacer de él y con él.

El control

Muchos médicos hoy en día conceptualizan el hecho de que los seres humanos pretendamos tener el control sobre todas las cosas como la enfermedad del siglo XXI, y no solo esto, sino que está demostrado que es la principal causa de estrés en el hombre y la mujer de ahora.

Tengo que aceptar en este momento que yo levanto mi mano para decir que no estoy exento de este problema y que es una de las luchas que a diario enfrento en mi proceso personal de cambio. Cuando queremos controlar todo por creer que las cosas tienen que ser como nosotros decimos o pensamos que son, caemos en este gravísimo error que solo nos deja cansancio y desgaste y que nunca nos coloca en un rumbo que ciertamente nos lleve a ningún lado, basta de querer controlar todo, tenemos que dedicarnos a controlar nuestra vida, nuestro cambio, pues ahí sí estará bien aplicada la palabra control, pues al controlar nuestra vida, lo más probable es que dejemos de pretender querer controlar todo lo que nos rodea.

Sabiendo esto, te invito a que te hagas la pregunta ¿qué tanto controlas?, o ¿qué tanto pretendes controlar lo que está a tu alrededor? Y no te engañes pensando que tienes control sobre algo cuando la realidad es que no lo tienes.

Quiero hacer cita nuevamente de mi gran mentor el señor Stephen Covey, él habla de dos círculos para referir este tema del control el "círculo de preocupación" y el "círculo de influencia".

¿Qué representa el círculo de preocupación?

Representa todas aquellas cosas sobre las que no tienes margen de acción. Es decir, lo que no tiene capacidad de gestión. Todo aquello sobre lo que puedes pensar durante días y días, pero que no vas a ser capaz de cambiar.

¿Qué representa el círculo de influencia?

Representa todas aquellas cosas sobre las que tienes margen de acción. Lo que depende de ti: tus pensamientos, comportamientos, emociones, acciones, entre otros. Esto es bien sencillo, no te preocupes por lo que no puedes cambiar, no pretendas controlarlo, por el contrario, ocúpate de las cosas en las que puedes tener una verdadera influencia, las cosas donde puedas generar verdaderos cambios. Veámoslo en un gráfico.

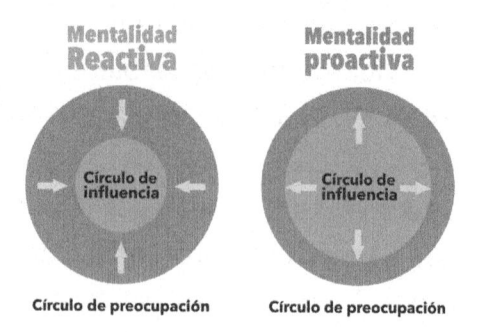

Mentalidad Reactiva	Mentalidad proactiva
Círculo de influencia	Círculo de influencia
Círculo de preocupación	Círculo de preocupación

Del libro de los 7 Hábitos de la Gente Altamente Efectiva, de Stephen Covey

Ya sabiendo esto y habiéndolo visto en gráfico, es hora de que te preguntes ¿qué tan grande es tu círculo de influencia? Y ¿qué tan grande es tu círculo de preocupación? Dicho más claramente, ¿eres de los que haces que tu circulo de preocupación se haga más grande y aplaste a tu círculo de influencia o eres de los que hace que tu círculo de influencia se expanda y crezca cada vez más para que el circulo de preocupación se haga cada vez más pequeño?

Reflexiona en esto y empieza hoy a dejar de preocuparte por controlar cosas que no puedes controlar, definitivamente no tenemos el control de todo. Si decides hacerlo estarás dejando fluir las cosas y poco a poco, dejando de pretender el control, estarás sintiéndote mejor y logrando con más efectividad tu cambio.

Detractores

Todos, queramos o no, tenemos detractores muy cerca en nuestra vida y no me refiero a los de Harry Potter por supuesto, me refiero a esos o esas personas que se encuentran muy cerca de nosotros y que quieren de alguna manera, a veces directa a veces indirecta frustrar o truncar nuestros proyectos y nuestros sueños, de ahí la gran necesidad e importancia de lograr identificarlos, pero empecemos por definir bien la palabra.

La Real Academia de la Lengua Española nos brinda dos definiciones muy claras y especificas de ella:

Detractor o detractora:
Adversario, que se opone a una opinión descalificándola y: maldiciente, que desacredita o difama.

Aplicando esto a nuestra vida podemos definirlo más coloquialmente diciendo que son aquellas personas que de una u otra forma adversa nuestro sentir, adversa nuestros sueños, acciones, proyectos y más.

Te sorprenderá saber que muchas veces esos detractores o detractoras los tenemos tan cerca que incluso podemos estar viviendo con ellos, sí, aunque suene algo fuerte o extraño, puede que en tu propia casa estén ellos tratando como te dije antes directa o indirectamente de afectar a tu persona.

Atención con algo, no solo puede que estos estén en contra de tus proyectos y sueños incluso pueden estar en contra de ti como individuo, en este caso, son estos los que tienes que identificar para sacarlos definitivamente de tu vida.

Un detractor o detractora puede ser tu amigo, tu hermana o hermano, incluso tu propia madre o tu propio padre, si vistes la película Durmiendo con el enemigo entenderás mejor este tema que estamos tratando, aunque en mi opinión muy personal el film no es tan bueno, no por ello nos deja de servir como ejemplo para entender definitivamente la importancia que tiene identificar al detractor.

Ahora, ¿para qué identificar un detractor? Sencillamente si un detractor es identificado te toca tomar acción y bloquearlo o sacarlo definitivamente de tu círculo social, obviamente si uno de ellos es como dije antes tu padre o un hermano u otro familiar cercano o amigo, no los podrás sacar de tu vida, te repito que en mucho de los casos ellos son detractores de tus sueños y proyectos incluso sin saberlo, pero, aunque no los puedas sacar de tus relaciones definitivamente, si los puedes bloquear y si puedes dar la batalla contra ellos demostrando con amor ante todo y con tus acciones que si crees en tus sueños y tus proyectos, así le harás ver que éstos serán logrados porque tú si crees en ellos, porque tú así te lo planteaste.

Al detractor externo, ese que no es tu amigo o tu familiar, ese que simplemente es unególatra que te envidia, que te maldice, que te desacredita o que te difama por el simple hecho de no soportar que tu puedas ser o estar mejor que él, a ese si lo tienes que sacar, no sólo bloquear, sacarlo de tu vida, pues te estará en todos los casos causando daño.

Quiero, para hacerte entender mejor todo esto recordarte que tú y solo tú, eres la única persona que conoce cuáles son estos sueños, cuales son estos proyectos y sobre todo cual es esa pasión que te impulsa a buscarlos, por eso si ya descubriste tu pasión no debes permitir que absolutamente nadie la empañe o la dañe con esos comentarios frívolos como "otra vez con eso" u "otra vez perdiendo tu tiempo" no, no y no ya basta de eso, tu eres el dueño de tu vida, tu tienes el control de ella, tu dominas ya tu círculo de poder y tu círculo de influencia, y si permites que los detractores te afecten, se afectará tu proceso de cambio.

El NO

¡No quiero!, ¡no puedo!, ¡no estoy listo! o ¡no por ahora!, o un simple No. Tenemos que saber decir NO.

Muchos de los problemas que nosotros los seres humanos nos echamos cómo carga en nuestros hombros es por causa de no saber decir "no".

Habíamos hablado ya y lo traigo nuevamente a colación, las relaciones humanas y lo importante en el camino hacia el éxito y la plenitud, además la planificación de nuestro tiempo y actividades, todas éstas se pueden ver afectadas por no saber decir "no".

Solemos asociar el "no" con negatividad, sobre todo esas personas optimistas que todo el tiempo están pensando en el positivismo y estas cosas, que no son malas, para nada, pero que si pueden en algún momento trabar la lengua y el espíritu coartándonos para decir "no" cuando tenemos que hacerlo, incluso dentro de la programación neurolingüística cuando escribes o dices un "no", esta mal visto pues existe la teoría de que esto te lleva a una negación. Pero esto lo vamos a desnudar, pues es absolutamente en este acelerado, cambiante y apabullado sistema dominar el miedo, ese miedo que tenemos a esta palabra y que si no corregimos estaremos en muchos casos metidos en problemas por no tener el coraje de decir "no", cuando tenemos que hacerlo. En este momento te pediré que te hagas estas preguntas.

¿Cuántas veces te has metido en problema por no decir que "no"? ¿Cuántas veces has asumido responsabilidades ajenas por no decir "no"? ¿Cuántas veces has hecho cosas que no querías hacer por no decir "no"? ¿cuántas veces rechazaste tus valores, tu esencia y tus principios que te dictaban decir un "no" y asumiste asuntos que no deseabas?

En la lengua española la importancia de saber decir "no" se conoce como Ser Asertivo, por ello es necesario establecer los límites para no caer en chantajes y manipulaciones emocionales que en cualquier caso son las que nos impiden ser Asertivos, y entiende esto bien, mientras más asertivos consigamos ser en nuestra vida mayor será la seguridad que tengamos en nosotros mismos.

Dijo el señor Baltasar Gracián, quien fuera sacerdote y consejero de reyes allá por los años 1600 *"No hay mayor esclavitud que decir sí cuando se quiere decir no"*, a pesar de la cantidad de años que han pasado esto está totalmente vigente.

No es un secreto que vivimos en una sociedad donde la aceptación del ser humano está muy influenciada por lo que los demás puedan pensar o decir y muchas veces nos dejamos llevar por esto diciendo, vamos hacerlo, si te ayudo, cuenta conmigo y la realidad es que no estás completamente convencido, acá es donde caemos en el error de desaprovechar la oportunidad de ser Asertivos y como se dice ordinariamente metemos la pata.

Tu mereces el respeto de tu prójimo y el tuyo mismo y la asertividad te lo brinda, además al saber decir "no", al ser asertivo estarás brindando un valor a la sociedad, por eso tienes que aprender a decir "no" cuando algo no te convence, no llena tus expectativas o simplemente no quieres hacerlo, para esto es indispensable obviamente que tengas muy claro tus valores y tus principios para saber que cosas deseas hacer y que cosas no, basándote en tus fundamentos.

Recuerdas cuando hablamos de comunicación y aquel concepto de *emirec*, pues bien, si no logras la asertividad en tu personalidad no podrás establecer comunicación efectiva con los demás y como dijo Jim Rohn quien fuere un empresario estadounidense, autor y orador sobre motivación , *"El estilo de comunicación único y sano es la comunicación asertiva"* y esto es cierto, porque todos en algún momento queremos decir "no" por alguna u otra razón y al no hacerlo estaremos engañándonos y engañando a nuestro interlocutor, lo que sin duda hará de esa comunicación algo equívoco, y es algo tan importante que si no logras sumar la asertividad a tus formas, no tendrás nunca el control de tu vida.

Una persona no asertiva se aleja de las controversias y se pierde de mucho, además es alguien susceptible de caer en manipulaciones. El miedo al rechazo o lo que es igual, la búsqueda de la aceptación, la necesidad de agradar y caer bien a los otros es lo que en muchos casos aleja la posibilidad de ser asertivos de nuestras vidas.

Por ello te invito que, a partir de esta lectura, a que te armes de valor y entendimiento e incorpores a tu sapiencia más que el conocimiento de la palabra asertividad, la práctica de esta. Aprende a decir "NO".

Ladrones energéticos

Tiempo que se va no vuelve. El tiempo vuela como el viento. El dinero se va y viene, pero tiempo ido no vuelve. ¿Qué hacer, que hacemos? Todo el tiempo perdemos. E infinitas frases más que escuchamos sobre "El tiempo". Léase bien. Me voy a atrever a definirlo así:

El Tiempo es el único recurso natural no renovable que lleva cada ser humano consigo en su vida, y éste solo lo puede invertir una vez.

Esto es algo tan simple como esto, vamos haciendo cosas en el tiempo, con el recurso tiempo, con nuestro tiempo, nuestro recurso. Y estas cosas que hagamos tendrán resultados en el tiempo por venir, tus acciones suman y restan, según actúes, te comportes, te prepares etc. A lo largo del tiempo, ¡de tu vida!, acumularás más o menos experiencias que derivarán sin duda en el ser más o menos humano en el que habrás de convertirte. Lo mismo te ocurrirá por ejemplo con el dinero, tú dinero.

Según acumules y trabajes en tu vida, si te diviertes más o menos, si tienes vicios etc., Según acumules tendrás mas o menos dinero en tus tiempos difíciles, digamos los tiempos de la vejez, por ejemplo.

Léase bien... "Tu tiempo vale oro".

Y en este punto es que quiero referirme a eso que le llamo "ladrones de energía". Y estos no son otros por supuesto que las actividades, lugares entre otros, incluso personas que nos roban nuestro tiempo. Que no permiten que tu tiempo sea lo suficientemente productivo tal y como tú lo quieres.

Eso que está muy de moda en las redes sociales últimamente de referirse a estos "ladrones de energía" como "persona tóxica" podríamos decir que es un ejemplo de cómo estos ladrones están en todos lados y estratos sociales, para todos los seres humanos. Pero este tipo de personas que sin lugar a duda tienes que identificar para; sino bien, sacarlas de tu vida, al menos controlar la situación, y establecer una relación como mínimo de ganar-ganar, no es todo.

Permíteme referirme en este momento, y acá deseo hacer énfasis pues de estos "ladrones de energía" este es en mi opinión personal uno de los monstruos más grandes con los que tenemos que luchar día, tras día. Y no es otro que; "las actividades que realizamos" (en la mayoría de los casos por distracción) y el tiempo que le damos a estas.

- ¿Quieres ser carpintero? Invierte tu tiempo estudiando y trabajando carpintería.
- ¿Quieres ser abogado? Invierte tu tiempo estudiando derecho.
- ¿Quieres ser ingeniero? Invierte tu tiempo en estudiar ingeniería.
- ¿Quieres ser agricultor? Múdate a una linda finca y trabaja la tierra.
- ¿Quieres ser…? Sólo tú sabes que quieres ser y hacer tú de tu vida.

Lo que sí quiero decirte es que si el tiempo que necesitas para lograr lo que quieres ser y hacer con tu vida se lo llevan los "ladrones de energía" sociales. Nunca los vas a lograr.

Voy a hablar sin miedo, "Con la verdad por delante, aunque sea motivo de escándalo", como lo dijo el poeta cubano José Martí. La sociedad de hoy es un manojo de vicios todos a nuestro alcance, y el vicio está en todo, no solo en las drogas o el alcohol y negarnos que somos viciosos de algo cuando en realidad lo somos, es la lucha de David contra Goliat.

El fenómeno de las redes sociales, por ejemplo, si usted invierte horas de su tiempo en chatear por Facebook desmedidamente en vez de estudiar leyes, por ejemplo; difícilmente usted será abogado, ¡es más probable que se convierta usted en un profesional de la "Facebooklogía"!

(He sonreído con este feo invento de palabra, pero ahí la dejaré; espero no te ofendas).

Si ya estás decidido a enfrentar tus "ladrones de energía" toma papel y lápiz y comienza por hacer una lista de esas actividades, personas, cosas, situaciones, lugares incluso, entre otros; que roban tu energía y toma las riendas.

El tiempo de todos es el mismo. Esta afirmación la hago porque es simplemente algo indiscutible. El día tiene veinte y cuatro horas para todos. El cómo invirtamos nuestro tiempo, nuestras horas, en la medida que cada cual tenga más o menos "ladrones de energía" en su vida, marcará la diferencia en los logros de esta. Con respecto a la de alguien más.
Me siento ya un poco tedioso por seguir con este último ejemplo que quisiera "fotografiar" acá, pero trataré de sintetizarlo.

Si mientras estuviste estudiando tu carrera tenías un compañero equis, que invertía la gran mayoría de su tiempo en estar en el comedor con otros amigos jugando al dominó, mientras tu invertías el tuyo en estudiar, puede ser muy probable que en algún momento de la vida se crucen y su puesto de trabajo dependa de ti, pues sin duda ese amigo, así como el grupo de los que le acompañaron durante la carrera a jugar dominó nunca se dieron cuenta que ese momento tan agradable que es estar con amigos jugando un buen juego de dominó se convierte en vicio y ese vicio no es otra cosa que un "ladrón de energía", no tengas miedo de enfrentarlos, todos los tenemos, pero se fuerte contigo mismo y no te falles, acéptalos y habrás dado un gran paso para escalar tu montaña a la plenitud y al éxito. Saca de tu vida a los Ladrones de Energía.

Básico

Comerse un helado, mirar los atardeceres y amaneceres, caminar, respirar. Oler una flor, las páginas nuevas o viejas de un libro, la tierra mojada, tomar un vaso de agua, ese dulce que cuando preparas su aroma te deja viajar en el tiempo visitando de nuevo en recuerdos tu niñez, la vida sencilla, la vida simple.

Tenemos que aprender y volver a lo básico, a tener la capacidad de disfrutar lo básico, algo tan sencillo como respirar, por ejemplo, a pesar que podemos hacer esto consciente o inconscientemente solemos dejar que se vuelva un acto plenamente inconsciente y no nos permitimos disfrutar el placer de tomar un buen par de bocanadas de aire, algo tan básico como eso.

Así solemos hacer con todo y no podemos olvidar que es otro de los grandes secretos, para conseguir el éxito y la plenitud, si no disfrutas lo básico dejas de ser feliz y una persona que no proyecte felicidad, no proyecta satisfacción, no proyecta confianza entre otras y de esta forma se dificultan las relaciones humanas, nos afecta en nuestro tiempo pues invertimos parte de él buscándola cuando en realidad está ahí ante nuestros ojos en las cosas mas simples y sencillas, es decir, en las cosas más básicas.

Nos inventamos historias en nuestra cabeza de porque no podemos hacer las cosas que no son reales, o pensamos que por no tener dinero no podemos hacerlas, y eso no es verdad, se trata de eso, de vivir lo hermoso de la vida, pues no necesitas dinero para disfrutar de ellas, están ahí al alcance de todos y son totalmente gratis, son tuyas, solo tienes que hacerlas, que verlas, que tomarlas y disfrutarlas, son las cosas básicas de la vida,
¿hace cuánto no bailas un trompo? ¿hace cuanto no te quedas en cama descansando, o viendo una buena película? ¿cuándo fue la última vez que bailaste?

¿Cuándo fue la última vez que leíste un poema? Nada de esto nos cuesta dinero, nada de esto nos cuesta trabajo, sólo tenemos que querer ser felices y así volveremos a lo sencillo y seremos capaces de disfrutar las cosas básicas.

Por no ser egoísta contigo pudiendo hacerte el obsequio de algo básico, te dejaré un poema que de una u otra forma habla de eso, del disfrute de lo básico de la vida, tal vez lo leíste en algún momento, es muy conocido, tal vez no.

En cualquier caso, es bueno leerlo y releerlo para que no se nos olvide ser felices.

Atribuido al erudito escritor argentino, **considerado uno de los autores más destacados de la** literatura del siglo XX, **el señor Jorge Luis Borges,** cuyo real autor sería Don Herold o Nadine Stair, acá tienes **el poema, Instantes:**

*Si pudiera vivir nuevamente mi vida,
en la próxima trataría de cometer más errores.
No intentaría ser tan perfecto, me relajaría más.*

*Sería más tonto de lo que he sido,
de hecho tomaría muy pocas cosas con seriedad.*

*Sería menos higiénico.
Correría más riesgos,
haría más viajes,
contemplaría más atardeceres,
subiría más montañas, nadaría mas ríos.
Iría a más lugares a donde nunca he ido,
comería más helados y menos habas,
tendría más problemas reales y menos imaginarios.*

*Yo fui una de esas personas que vivió sensata
y prolíficamente cada minuto de su vida;
claro que tuve momentos de alegría.
Pero si pudiera volver atrás trataría
de tener solamente buenos momentos.*

*Por si no lo saben, de eso está hecha la vida,
sólo de momentos; no te pierdas el ahora.*

*Yo era uno de esos que nunca
iban a ninguna parte sin un termómetro,
una bolsa de agua caliente,
un paraguas y un paracaídas;
si pudiera volver a vivir, viajaría más liviano.*

*Si pudiera volver a vivir
comenzaría a andar descalzo a principios
de la primavera
y seguiría descalzo hasta concluir el otoño.
Daría más vueltas en calesita,
contemplaría más amaneceres,
y jugaría con más niños,
si tuviera otra vez la vida por delante.*

*Pero ya ven, tengo 85 años...
y sé que me estoy muriendo.*

Desapegos

Este punto no será muy extenso, en cualquier caso, no deja de ser una extraordinaria clave para tu cambio.

Nosotros los seres humanos nos hemos acostumbrados a apegarnos a las cosas, pero no solo a las cosas materiales, con en el avanzar del tiempo en nuestras vidas, también nos apegamos a lo espiritual e incluso a lo humano. Y cuando digo humano me refiero a esos apegos que crean situaciones de co-dependencia que inclusive pueden llegar a ser hasta peligrosas, cuantas veces escuchaste o quizá hasta lo viviste, ese cuento del niño que por mamá haber botado el peluche que estaba viejo sin imaginar el apego que el niño tenía con este, le causó un dolor al niño que tal vez sea una marca en su vida para siempre, que en el mejor de los casos será un aprendizaje y no un trauma.

Definitivamente los apegos pueden ser tan dañinos que lleguen a significar problemas que nos impidan nuestro crecimiento en este andar, en esta aventura llamada vida. Pues cuando nos apegamos a esas cosas o persona y entramos en esa zona de confort que ello significa, se nos tiende a nublar la mirada del razonamiento y no nos dejan ver un poco más proyectado, no nos dejan ver más allá. Y esto te lleva a pensar tonterías tan grandes como que tu mundo se te puede acabar ahí en ese punto donde se acabó el auto o la moto, o donde se nos acabaron las cuatro paredes de la casa, se puede llegar a ser tan frívolo, tan insípido, tan tonto si me permites usar la palabra, que nos apegamos tanto a un teléfono por ejemplo que el día que lo dejamos de tener apartamos toda preocupación e incluso responsabilidad para colocar esto como el principal problema de nuestras vidas.

¿Qué tan apegado eres?, revísate.

Se dice que el experto viajero es aquel que viaja ligero. Definitivamente y en mi largo recorrido como viajero de este mundo, he aprendido que eso es absolutamente verdad y lo pongo en práctica cada vez que parto en una aventura hacia un nuevo destino. Viajar ligeros es de sabios, para que cargar peso por vanidad. Si necesitas dos camisetas para el viaje, para que cargar dos más, desapégate de estas dos últimas. Con esto llegamos a la solución, no es otra que su palabra antónima "desapego".

Es tiempo para seguir creciendo, conseguir practicar actividades que te ayuden a aprender con experiencias el arte que puede llegar a ser el desapego.
Regala ropa que solo guardas por apego y que alguien más la necesita realmente, no malgastes tu dinero comprando un celular nuevo porque el ego te ganó una batalla. Si teniendo el que tienes; todavía puedes hacer tus cosas. Desapégate.

Cuando logras separarte de esas cosas que tienes y crees que son indispensables para poder vivir, te quitas un peso de arriba y sientes una libertad absoluta. Identifica entonces que actividad puedes practicar para lograr desapegarte de las cosas que no te dejan crecer.

Yo viajo ligero por la vida, en el ultimo año de mi vida me he mudado unas cuantas veces y cada vez que lo hago me deshago de cosas, para sentirme cada vez más ligero, Hazte la pregunta otra vez. ¿Qué tan ligero, estoy viajando en esta aventura llamada vida? Y toma acciones.

Congruencia

Al haber llegado hasta acá de una u otra forma ya estamos conscientes de que este proceso hacia el cambio es de batallas, es de luchas constantes, te digo esto porque para hablar de congruencia, hay que saber que hay que luchar a diario por conseguirla.

Yo en lo personal cada día al despertar recuerdo lo importante de librar estas batallas para ser una persona congruente, y esto no es otra cosa que pensar, hacer y decir lo mismo, que todo esté en una misma línea, que todo esté en concordancia, pensamiento, acción y verbo todo es uno.

Cuando decimos o alguien dice "eres lo que piensas o eres lo que sueñas" no nos referimos a otra cosa que no sea la congruencia. Si lo que sueñas o lo que piensas no esta en la misma línea de tus acciones y de lo que dices, habrá sin duda una disparidad que evitará por más que nos esforcemos que las cosas fluyan, que las metas se logren, y por tanto que nuestros sueños se cumplan.

Dicho todo esto podemos definir que la congruencia es la relación coherente que existe entre nuestras ideas, nuestros sueños, nuestras acciones, nuestras cosas.

Cuando por ejemplo lo que pensamos no es congruente con lo que decimos, tampoco será congruente con la acción, por ejemplo, si decimos una mentira nuestra expresión corporal nos delatará porque no serán congruentes los movimientos que nuestro cuerpo haga con lo que estamos diciendo, y algo tan simple como el movimiento de una mano o una micro expresión facial nos dejarán en evidencia ante nuestro o nuestros interlocutores. Hagamos una formula para tenerlo más claro:

$$\left.\begin{array}{l}\text{Pensar}\\\text{Hacer}\\\text{Decir}\end{array}\right\} \text{Lo mismo} = \text{Congruencia}$$

No quiero engañarte o engañarme a mi mismo, por ello te diré que estas luchas, estas batallas que damos día tras día por lograr vivir en congruencia no son para nada fáciles, pero no por ello hay que dejarse vencer o desmayar. ¡Hay que seguir!

Muchas veces nuestro cuerpo nos da señales inequívocas y muy claras de que algo no está bien, incluso hay teorías y estudios que dicen que nos enfermamos cuando no vivimos en congruencia, estás teorías tienen una gran validez sin duda pues si le aplicamos la lógica a esto, es tan simple como que no podemos hablar de paz y hacer la guerra o no podemos hablar de fidelidad y ser infieles, eso no hay forma de que sea posible, o al menos de que arroje resultados, y mucho menos, que arroje resultados positivos.

Si logras identificar distintas formas de comportamiento de tu persona, me explico, si te comportas en la casa de una manera, luego en tu trabajo de otra y con tus amigos de otra, eso es no vivir en congruencia. Y hay quien afirme incluso que la falta de congruencia nos puede llevar hasta la mismísima locura.

Este tema de la congruencia es algo muy delicado y es bueno entender que esas batallas, esas luchas que a diario tenemos que dar por conseguirla, serán para siempre, serán constante, por ello cada mañana al despertar evalúate, piensa con serenidad y trata en la medida de tus posibilidades de ser lo más congruente, de alinearte, de alinear tus pensamientos con lo que dices y haces.

Cuando vives alineado a tus valores, a tus principios el ser cada vez más congruente se hace mucho más fácil. Yo recomiendo siempre a todos y todas que se hagan un credo, que escriban y siempre tengan presente en lo que creen, hazlo tú, escríbete un credo, define tus creencias, esto te ayudará para definir las acciones, los pensamientos, lo que dices. Recuerda que si alineas todo esto serás sin duda congruente contigo y lo proyectarás a los demás.

Quiero dejarte MI CREDO, que espero sirva de inspiración para que puedas escribir el tuyo en un ejercicio con tu verdadera voz interior.

*Creo en la vida como máximo valor
Y en todo lo que ella conlleva.
Creo que el universo me dará claras señales
Para tomar las decisiones que definen el día a día
De mi andar en este camino.*

*Creo en el CARPE DIEM como doctrina de vida
En aprovechar cada instante, de cada respiro
Para obtener el mayor beneficio de cada experiencia.
Creo en el respeto a las voluntades de los que me rodean
Creo que al vivir en plenitud, llenar tus pulmones de aire limpio,
Ver los atardeceres y los amaneceres,
Respetar y amar la naturaleza
Me llevara sin lugar a duda a la felicidad.*

*Creo en amar, profunda, libre y apasionadamente a mi alma gemela.
Creo ciegamente en la amistad sincera
Y Creo absolutamente en la bondad de la raza humana.*

*Creo que cuando sonríes y aferras con verdadera FE en lo que quieres.
Pase lo que pase, lo vas a lograr.*

Crecer duele

Seguramente puedes recordar conmigo algún cuento, algún dicho e incluso alguna experiencia de dolor de cuando éramos niños, dolores en las articulaciones o algún músculo desgarrado, producto del crecimiento de nuestro cuerpo porque estábamos pasando de la niñez a la adolescencia.

En un gimnasio solemos escuchar que si no duele no estamos logrando nada, que el dolor es síntoma del crecimiento de nuestros músculos, o como se dice en inglés, *"no pain no gain"*, si no hay dolor no hay ganancia. Esto obviamente está relacionado a la parte física, pero lo aplicaremos de igual manera, a esa evolución que significa todo cambio, a esa evolución que sin lugar a duda significa crecer. Y esto lleva consigo queramos o no, una carga de dolor implícita.

Indudablemente a todos nos gusta o todos nos sentimos muy cómodos cuando nos encontramos en nuestra zona de confort, pero muchas veces tendremos que salir de ella aunque no queramos, para dejar cosas atrás, dejarlas de lado, desapegarnos, recuerda lo que ya habíamos comentado de los apegos y que su solución era el desapego, pues bien, de eso se trata, para lograr esa evolución ese tan ansiado cambio que estás buscando te tendrás que desapegar de cosas, de situaciones, de lugares e incluso y suele ser lo que genera mayor dolor, tendrás que desapegarte de personas, pues, todas estas cosas aunque duela aceptarlo y aunque duela más aún dejarlo o dejarlas, hay que saber reconocer cuando nos están frenando.

Voy a utilizar acá una palabra que tal vez no sea la más adecuada, pero que puede ayudar a explicar esto, sacrificio, en muchos casos sentiremos que estamos sacrificando esas cosas, lugares, personas entre otros que estamos dejando de lado o atrás, y aunque fuera cierto cuando las cosas las haces porque estás convencido para el cambio, entonces estarás actuando con el corazón, con la mente, con el alma, todo en concordancia, estarás siendo congruente y así lograrás que ese dolor que representa ese "sacrificio" disminuya.

Al estar encerrados en nuestra zona de confort creyendo que no hay nada más allá que esas cuatro esquinas y engañándonos, muchas veces auto convenciéndonos de que estamos bien cuando en realidad no lo estamos, es una debilidad que tenemos que precisar para asumir el dolor o mínimamente la incomodidad que significará salir de ahí y continuar nuestro proceso evolutivo de crecimiento, nuestro proceso de cambio. En todo caso cuando esto te suceda estarás teniendo una señal única e inequívoca de que vas por el camino correcto.

Es momento de aclarar que todo crecimiento por más que pueda doler, por más difícil que sea, siempre trae consigo recompensa. Té digo esto porque debes entender que no se le puede tener miedo a lo nuevo, a lo diferente a lo que viene, por el contrario; hay que recibirlo de brazos y corazón abiertos para evolucionar y lograr el cambio, lograr el crecimiento.

Pero aunque crecer duele, también duele estancarse, hay dolores que pareciera que los asumimos como parte de nosotros o de nuestra vida, dolores que nos mantienen estancados, que nos impiden crecer y en muchos casos podemos llegar a pensar que somos hasta masoquistas, pues preferimos vivir con ellos aunque nos estanquen, que enfrentar el dolor del desarraigo, del desapego de ellos para pasar al dolor delicioso que es el de evolucionar, el de crecer, ese que como ya te dije sin lugar a dudas te traerá recompensas.

Es tiempo de crecer, no te frenes a ti mismo, no estanques tu vida por miedo al dolor que significa crecer. Sal de esa zona de confort, yo estoy seguro que ese cambio que buscas está más cerca de lo que crees, pero si no llevas esto a cabo, te quedas atrás.

Si queremos cambiar, si pretendemos crecer es porque estamos en la búsqueda de tener cada vez más una mejor vida, y esto definitivamente lo queremos todos, por ello quiero concluir este punto con el gran lema de los japoneses que se extiende incluso por toda Asia, ellos creen tanto en esto que uno de mis viajes así lo escuché, así me lo dijo un monje budista que tuve el gusto de conocer:

"En la vida hay que procurar la mejoría continuamente".

El Pasado

Una de las palabras o frases que nosotros como seres humanos tenemos el reto incluso de eliminar de nuestro vocabulario es "si yo hubiera" o "si yo hubiese".
Aunque nos cueste aceptarlo en este presente que vives eres el producto de lo que en tu pasado has hecho, si tuviste aciertos, errores, triunfos, si hiciste cosas buenas o cosas malas no lo podrás cambiar, pero si puedes entender indistintamente de la edad que tengas que eres el producto de la suma de todas esas acciones y decisiones que tomaste y ejecutaste en tu pasado. Por ello cómo dijo el escritor belga Maurice Maeterlinck *"el pasado siempre está presente"*.

Aprender a convivir con el pasado es necesario entonces, pues a él le debemos lo que hoy somos y eso no se podrá en ninguna instancia corregir, lo que si es seguro es que de él hay mucho que aprender, y no solo de las cosas buenas que recordamos, no, también los errores que pudimos haber cometido son magistrales enseñanzas para nuestro hoy. Dijo Pierre Teilhard de Chardin el filósofo y teólogo francés *"el pasado me ha revelado la estructura del futuro"* y vaya que tenía razón, pues en ese pasado que tenemos hay infinitas claves y enseñanzas de las que podemos hacer uso para dar esa forma o estructura necesaria para forjar el futuro, siempre sabiendo que se aprende tanto de lo bueno como de lo malo, por ello la necesidad de aprender a convivir con este pasado.

En ese pasado que hoy te hace ser quien eres, hay personas que de una u otra forma tocaron tu corazón, que muchos probablemente ya no estén pero que te dejaron una enseñanza, por ello no debes decir "si yo no hubiese conocido a este o aquel" "si no hubiera hecho caso a fulano o a mengano". El arrepentimiento no te llevará a ningún lado, pues como ya lo mencioné, es imposible cambiar eso que quedó en el tiempo que ya vivimos.

Pero ser agradecido con todas esas cosas que hicimos, que dijimos, que vivimos, es la clave para lograr aprender de ellas. Agradece a esas personas que estuvieron ahí, agradece al error que cometiste y te enseñó que esto o aquello se hace de tal o cual forma, agradece pues son esas vivencias las que te formaron, por ello siempre es bueno detenerse, respirar y meditar en sana comunión con ese pasado para seguir aprendiendo de él.

Solemos escuchar a personas decir que se trata de aprender, reflexionar, avanzar y corregir. Y sin duda esta es la fórmula que nos permite hacer de ese pasado una escuela para nuestra enseñanza y no un saco de problemas y arrepentimiento que llevamos a cuestas.

Aprender ⇒ Reflexionar ⇒ Avanzar ⇒ Corregir

Si aplicamos esto simplemente seremos capaces de identificar las situaciones para así tomar lo que nos gusta de ese pasado y aplicarlo a nuestro presente y futuro, con el fin de mantenernos en esa línea que queremos seguir llevando, y lo que no nos guste simplemente lo estudiamos, lo identificamos y le ponemos un freno que no nos deje caer nuevamente en esos errores. Respecto a esto dijo el Filósofo y escritor español George Santayana *"Los que no pueden recordar el pasado están condenados a repetirlo"*.

Recuerdas que hablamos de los ladrones energía, pues bien, uno de estos ladrones bien pude ser esa añoranza de un pasado que no volverá, o bien ese arrepentimiento por un pasado que no podrás cambiar nunca, "si yo hubiera" esto te desgasta, te suma peso innecesario a tu espalda en las batallas que a diario ya tienes que dar para lograr el cambio. Pregúntate, ¿Qué tantas peleas con tu pasado tienes? ¿Cuánta energía pierdes arrepintiéndote de él? ¿Qué tanto piensas o usas en tu vocabulario el "si yo hubiera"?

Quiero traer a la memoria al gran pianista y compositor polaco Frédéric Chopin que dijo *"es inútil volver sobre lo que ha sido y ya no es"*. Es sencillamente eso, aprender de lo que fue y no pretender vivir de ello pues el presente es hoy, mañana no sabemos.

Solo una desgracia que ninguno obviamente deseamos en la vida podría borrar nuestro pasado, un accidente cerebro vascular, por ejemplo, pero esa no es nuestra situación y por eso es por lo que tenemos que aprender a convivir con nuestro pasado para lograr labrar ese futuro que nos hemos planteado y llegar así sin vacilaciones al tan añorado cambio que nos conduzca al éxito y la plenitud.

Efectividad

Ser una persona efectiva en toda tu vida te hará ser dueño absoluto de todas las aristas que derivarán de tus metas, sueños y pensamientos. Pero es necesario entender que ser efectivo está ligado directamente con ser eficaz y ser eficiente. Definamos los conceptos.

Eficiencia: "Capacidad para lograr un fin empleando los mejores medios posibles".

Eficacia: "Capacidad de lograr el efecto que se desea o se espera".

Efectividad: "Cuantificación del logro de la meta".

Qué quiere decir esto, si buscas ser efectivo y ser efectivo es lograr metas y lo que deseas, pues es obvio que tienes que ser eficiente aplicando los mejores métodos para que tu eficacia abra las puertas que te darán esa efectividad.

Al convertirnos en personas efectivas logramos con total eficiencia administrar nuestro tiempo en los diferentes ámbitos de nuestra vida, podremos ser más capaces de ejercer el control sobre nuestro trabajo, en nuestras relaciones humanas, y algo que definitivamente todos deseamos, al ser efectivos logramos reducir nuestro estrés y tener más paz.

Pero ser efectivo no es una cualidad que llevemos en nuestros genes o que caiga del cielo sobre nosotros, para ser efectivo hay que trabajar en ello, hay que proponérselo, hay que librar las batallas necesarias que nos permitan conseguirlo, pero ¿cómo se libran estas batallas?

Lo primero que debes hacer es preguntarte si realmente eres una persona efectiva y si lo eres, entonces pregúntate ¿Qué tan efectivo soy?

Una vez tengas las respuestas puedes identificar diversas actividades que te ayudarás a crear hábitos para convertirte en alguien tremendamente efectivo.

"Ejercita tu Yo físico, mental y espiritual" realiza actividades que te ayuden a ello, busca la comprensión, cuando hablábamos de la comunicación efectiva decíamos que está no se daba si no había intercambio de mensajes entre las partes, pues bien, si antes de ser comprendido, te preocupas por comprender a tu interlocutor estarás siendo más efectivo como comunicador, si de ello haces un hábito entonces seguirá en ascenso tu crecimiento. Otra estrategia muy importante y que se relaciona directamente con la administración de tu tiempo es lograr establecer prioridades.

Existen otros sin fin de formas y de actividades que te ayudarán a conseguir ser efectivo, pero tu estilo de vida será imperativo para descubrir estas, lo que quiere decir que lo mucho que te conozcas a ti mismo te dará las claves, eso sí, al comenzar cualquiera de ellas debes empezar con el final en tu mente. Es decir, las metas han de estar claras, la imaginación debe ser libre para crear los espacios e identificar las herramientas que tendrás que utilizar para lograrlo.

Algunos de estos datos no son solo cuestión de mi experiencia y conocimiento, no, personas de gran éxito en la vida como Stephen Covey también lo dicen en sus innumerables artículos, foros, entre otros. Y esto es así porque hay que entender que ser efectivos sencillamente tendrá una gran repercusión en nuestro plano profesional, en el laboral y el más importante en nuestro plano personal. Esto es una invitación sin duda a ser una persona pro activa y nos brinda el entendimiento que, aunque será de mucha ventaja para los demás, primero tenemos que ser efectivos por nosotros mismos.

Otra cosa que debemos entender para aceptar la importancia de la efectividad en nuestra vida es qué al lograrlo esta cambiará, y si lo hacemos es porque el cambio está en pleno proceso. Entonces, si eres efectivo te darás cuenta que las cosas las comenzarás hacer más rápido y de mejor calidad, lo que se traducirá en más tiempo libre para dedicártelo a ti mismo.

Esto se traducirá en mejor desenvolvimiento en tu trabajo y en una fluidez evidente en todo tu entorno, te dedicarás a las actividades verdaderamente importantes logrando identificar y dejar de lado a los ladrones de energía. Finalmente, todo esto es tomar la determinación de hacer las cosas bien hechas porque tenemos un fin establecido que es acercarnos con el cambio cada vez más a nuestra plenitud y nuestro éxito.

Hoy

¿Qué va a pasar mañana? ¿qué va a pasar dentro de un mes? ¿qué va pasar en tantos años? Cuantas veces perdemos la oportunidad de vivir nuestro presente, nuestro hoy inventándonos películas mentales sobre cosas, situaciones y hasta personas sin tener la más mínima certeza de lo que serán, estas situaciones, cosas o personas.

Esto no significa que no proyectemos en el tiempo nuestras metas, nuestros sueños, nuestros proyectos, tampoco significa que no haya que mirar el pasado para no cometer el error de repetir lo que en él nos hizo daño, nos atrasó o nos llevo a cometer errores, recordemos cuando hablamos de la necesidad de a prender a convivir con este.

Recuerdas esa frase del poeta Jorge Luis Borges en el poema Instantes *"la vida está hecha de momentos no te pierdas el ahora"* pues bien, ese ahora es el hoy.

Pregúntate qué tan intenso vives tu ahora, qué tanto disfrutas ese atardecer que tienes ante tus ojos, ese juego que juegas con tus hijos o amigos o simplemente ese aire que estás respirando. No permitas que la vida se te vaya pensando en cosas que no sabes si llegarán ni siquiera a ocurrir.

Muchas veces sin embargo pensamos cosas que, si ocurrirán, poco más poco menos como las imaginamos, fuere cual fuere el caso proyectar estos pensamientos en esas películas mentales ocurran o no serán en todo momento una distracción de tu única oportunidad de vivir el presente, de vivir tu hoy.

Te repito, esto no significa no proyectar o no planificar tu futuro, es una línea muy delgada que tendrás que identificar para no cometer el error de dejar de vivir tu hoy y no planificar tu mañana.
Lo único seguro que tenemos en está vida todos es la muerte por más crudo que sea, que te quiero decir con esto, que no tenemos certeza de lo que vendrá, que las cosas caerán cuando tengan que caer por su propio peso y que las que han de suceder para tu beneficio lo harán más allá de lo que puedas imaginar o de las cuentas de ficción que puedas sacar sobre ellas, dejando así que tu hoy se pierda en la proyección de estás películas mentales que serán en cualquier caso solo un ladrón de energía.

Deja que las cosas sucedan, fluye y deja fluir, vive a tu propio ritmo sin presionarte, pero teniendo presente las cosas que no han sucedido. Recuerda la vida es hoy, mañana, mañana no sabemos.

Capitulo 4 - Resultados

Batallas

Somos los únicos responsables de las batallas que decidimos dar, que decidimos librar en nuestras vidas, no se debe de hacer una interpretación literal de la palabra para lo que nos estaremos refiriendo, sin embargo, es bueno tener su definición:

Batalla: Es un enfrentamiento, lucha o conflicto entre dos partes para imponerse al oponente. Estas pueden ser armadas o no, pues una guerra se da con batallas armadas, dos boxeadores en un ring de boxeo libran una batalla a golpes, etc.

Podría decirse de muchas formas y de muchas situaciones que son batallas, pero acá nos estaremos refiriendo en un sentido muy figurativo o si se quiere, haciendo un símil poético para aplicar el concepto a esas luchas diarias que debemos dar con nosotros mismos y nuestras situaciones de vida.

Lo primero es saber qué esas batallas jamás se acabarán, que toda la vida viviremos dando batallas para mantenernos triunfadores. Una parte de nuestra conciencia nos dirá has esto o has aquello que todo saldrá bien, otra parte de esta por otro lado nos dirá no, no lo hagas te saldrá mal, en cualquier caso todo comenzará por saber reconocer cuales son esas batallas que queremos librar y para que queremos hacerlo, por eso es que digo que serán para siempre pues son innumerables los detractores, los ladrones de energía, los ególatras y paremos de contar que habrán que enfrentar durante toda la vida para como ya te dije mantenernos triunfantes y permanecer en el ciclo del cambio que nos conduce a nuestras metas.

Hay algo que no podemos pasar por alto, no será solo nuestra conciencia la que nos diga que batallas librar, hay que ser fuertes para esto pues existen muchos agentes externos que también contribuyen a la modificación de conducta de esa conciencia que nos dice que batallas librar, por poner un ejemplo, tomemos a los medios de comunicación que de una u otra forma muchas veces nos condicionan, con exceso de información, veraz o no, pero que nuestro cerebro va archivando y que más temprano que tarde ejercerán un condicionamiento sobre nuestros valores y principios proyectando esto en nuestros pensamientos, de ahí la importancia de aprender a identificar por nuestra propia voluntad y no por voluntad ajena nuestras batallas, debemos estar prestos a darlas para superarnos cada vez más, pero no tenemos porque librar batallas que otros nos pretendan imponer cuando esas batallas no tienen nada que ver con nosotros o con lo que nosotros estamos buscando.

Al identificar tus propias batallas, podrás desechar muchas de estas que se te plantean y no son necesarias, pues lo único que te harán es robarte la energía y separarte de tu meta. ¿qué sentido tendría pelear batallas que no tengan lógica, o no persigan un fin en el que estés involucrado?

Recuerda que el cambio son metas, son cosas que queremos lograr para ser mejores personas, esa es la idea y es la transformación final de todo ser humano. ¿Batallarás por ello o te quedarás sentado?

Te repito que el cambio es un ciclo, que al llegar al último punto comienza otra vez, por ello elegimos a diario que batalla vamos a librar, y la idea es al llegar al final del día sintiéndose pleno por haber triunfado en la o las batallas que ese día nos propusimos, así sabremos que el cambio se está dando en positivo y por ende nuestra evolución, nuestro crecimiento lo sabremos en ascenso.

No todas las batallas las vas a ganar, nadie gana todas sus batallas. Pero eso no importa, si pierdes alguna de ellas también estarás ganado pues te dejará un aprendizaje, incluso sabrás identificar alguna de estas que decidirás a plena conciencia dejarla perder pues en ese momento te darás cuenta que el popular dicho que reza *"a veces perdiendo también se gana"* es totalmente cierto pues la vida se trata de eso, de ganar y perder.

Otras tantas batallas en su gran mayoría las que te son ajenas serán batallas que al identificar sabrás que no vale la pena librarlas pues, aunque ganaras no significarán en sus victorias nada que aporten en positivo para tus planes, para tu proyección o para tu cambio, en estos casos simplemente deséchalas, sácalas de tu vida y no permitas que se transformen en otro ladrón de energía que dañen tu tiempo.

Acepta

Esto será muy breve pues casi que es un tip, un pequeño secreto que no quiero dejar de darte y de hacerte reflexionar sobre él. Aceptar, vamos a definir la palabra:

Aceptar: refiriéndonos a nosotros como personas es, recibir voluntariamente algo que se nos ofrece o se nos propone.

Partiendo de este concepto tenemos que decir que lo primero que tenemos que hacer es ofrecernos nosotros a nosotros mismos, en otras palabras y más directo. Aprender aceptarnos a nosotros mismos, aprender a querernos tal y cómo somos. Escribió el escritor español Camilo José Cela *"la filosofía del vagabundo se apoya en la no necesidad de nada y el buen talante de aceptarla sin quejas"* esto es digno de un aplauso, tanto la forma en que el escritor describe la filosofía del vagabundo, como la forma del vagabundo de aceptar su vida.

Al aceptarnos entonces a nosotros mismos, seremos capaces de poder aceptar a otros, al aprender a aceptar las cosas como se dan sin imaginarlas sin apresurarlas, seremos capaces de aceptar nuestros errores, y al conseguir esto nos volveremos unos gigantes en nuestro proceso personal de cambio.

Pregúntate ¿Qué tanto me acepto a mí mismo? ¿Qué tanto acepto a los demás? ¿Qué tanto acepto mis errores?, entre otras muchas preguntas que deberás identificar para entender, que hay que saber aceptar. Acéptalo.

Elección

Elegir es seleccionar o preferir a una persona o una cosa para un fin que nos incumbe o qué perseguimos.

En la vida tomamos decisiones que no siempre tienen que estar regidas por un momento bueno o malo, muchas veces simplemente hay que tomar éstas por la necesidad de hacerlo y ya, bien sea en el plano laboral, social, espiritual entre otros, pero en cualquier caso estas decisiones siempre serán tu elección.

Y esto será, como las batallas, nunca se acabarán y serán a diario, siempre habrá que tomar decisiones, siempre habrá que elegir. Citemos al poeta y cantautor Rubén Blades en su canción Decisiones *"Decisiones, Ave María cada día, alguien pierde, alguien gana Ave María"* ¿Por qué cito esta frase de este compositor? Porque hay que entender entre otras cosas que esas elecciones que tomamos en muchos casos beneficiarán o no a otras personas e incluso a nosotros mismos, y esto nos lleva a recordar la importancia que tiene el saber decir "no".

Ya lo habíamos dicho pero es bueno recordar, cuando aprendemos a decir "no", se nos facilita el hecho de tomar decisiones en el momento de hacer una elección, si somos capaces de saber que queremos, que nos conviene o que le conviene a otro y está en nuestras manos el poder tomar una decisión, si sabemos decir no, y si somos capaces de aceptar e identificar las posibles consecuencias de ésta, estaremos en plena facultad para elegir lo que pensemos sea lo correcto.

Tal vez sea un ejemplo trillado el siguiente pero no por ello deja de ser un gran ejemplo. Cuando un pueblo vota a su presidente elige, y si este pueblo no se prepara, no estudia las posibilidades que tiene y no decide con equidad y cordura, tomará una decisión equivocada que lo llevará hacer una elección que sin lugar a duda se verá reflejada en la desgracia que más adelante vivirán los ciudadanos que tomaron la decisión de hacer la mala elección de votar a tal o cual candidato.

Así mismo funcionará para nuestra vida, si no podemos tomar decisiones con equidad y cordura, en muchos casos elegiremos incorrectamente, las acciones a tomar, los proyectos a emprender entre otros, que nos llevarán a su vez a elegir caminos erróneos para conseguir ese fin anhelado de acercarnos cada vez más a la plenitud, al éxito, a la felicidad.

Hay que tener sentido de la responsabilidad, recordemos que responsabilidad es una palabra compuesta que significa "la habilidad de responder" por qué traigo esto a colación, pues simple, no podemos pretender tomar buenas decisiones y hacer elecciones acertadas si no somos responsables a la hora de tomar decisiones, ante las diferentes situaciones que se nos planteen, bien sean en lo laboral, en lo espiritual, en el hogar, al conducir, entre muchas otras.

Una de las características que nos definen a nosotros cómo seres humanos es precisamente ese poder de decisión, ese poder de auto conocimiento, para poder tener espacio en el tiempo ante la respuesta y ante la elección.

Todos hemos tomado en nuestras vidas infinitas decisiones buenas, o malas, pero que indistintamente cual haya sido, la buena o la mala, todas son nuestra elección, todas son nuestra responsabilidad.
La vida es una constante elección, identifica las tuyas, pregúntate ¿Qué decisiones has tomado por tu propia elección? Y ¿cuáles decisiones tomaste por influencia o elecciones de otros? y estas últimas son motivo de revisión exhaustiva.

Te recuerdo nuevamente que cuando aprendemos a decir "no", tomamos decisiones más acertadas, tomamos decisiones que nos acercan más al propósito de nuestra vida permitiéndonos así, hacer las mejores elecciones.

La respuesta está en ti

Todo lo que deseamos, lo que añoramos, lo que perseguimos en la vida lo sabemos desde antes de concientizar, en algún lugar de nuestro yo están esos deseos archivados.

Qué te quiero decir con esto, que tu y solo tu eres dueño de tu verdad, eres el único que realmente puede saber lo que desea, lo que buscas, lo que te gusta, lo que quieres lograr, respecto a tu vida laboral, a las relaciones con amigos y familiares, respecto a tu vida sexual, a tu vida espiritual y tantas otras cosas que son las que te conforman y hacen de ti ese todo que nadie jamás conocerá mejor que tú.

Son incontables las veces que nos acercamos buscando un "consejo" de alguien que creemos más experimentado que nosotros, un amigo, nuestros padres, alguien, a quien creemos más sabio o más preparado para tal o cual tema y vamos en su búsqueda por creer que encontraremos en su "consejo" la respuesta que estamos buscando.
No pienso que esté para nada mal, escuchar las experiencias de otras personas respecto a algo o algún tema determinado, pero quiero aclararte lo que son para mí los "consejos".
Las experiencias ajenas siempre nos brindarán aprendizaje sin duda, pero no es una regla que lo vivido por otro se vaya a repetir en nuestra vida como en la de esta persona, ¿qué te quiero decir?

Esta bien que escuches un "consejo" pero solo para interpretar, pues lo que para otros tal vez fue malo, para nosotros será bueno o lo que para otro fue bueno, tal vez termine siendo malo para nosotros. La vida no se hace ni se aprende de ella por las experiencias ajenas sino por las tuyas propias, si alguien que saltó en paracaídas al llegar al suelo está lleno de pánico, mareado y tal vez en vómitos, seguramente te dirá a la hora de darte un consejo al respecto "no saltes amigo es la experiencia más desagradable que he vivido" y para esta persona pudo ser así, pero para ti cuando saltas y vez el mundo desde esa altura, te emocionas, no te mareas, te sientes libre, sientes que vuelas divinamente como ave en el cielo y cuando pisas suelo estás lleno de emoción y adrenalina, seguramente dirás en tu consejo "es la mejor experiencia de la vida". Pero que hubiera pasado si te dejas llevar por el consejo de tu amigo, tal vez no hubieras saltado, tal vez no hubieras experimentado esa sensación tan maravillosa que tu si viviste.

Espero que este ejemplo deje muy claro que por más experiencia que tenga esa persona donde buscas ayuda, entiendas que las experiencias ajenas, son solo eso, experiencias ajenas y en ellas puede haber una guía para lo que estás buscando, pero definitivamente la verdadera y única respuesta está en ti.

Hoy en día se conocen diversas teorías y estudios que afirman que el mayor enemigo de la certeza es la incertidumbre.

Cuando sabemos esto no nos queda más que reconocer esta verdad absoluta que significa que la incertidumbre nos roba la certeza de que las cosas estarán bien, de que nosotros vamos a estar bien, y al pasar esto nos estaremos dejando llevar por decisiones equivocadas, y no podemos olvidar que todo lo que hacemos o decidimos es nuestra responsabilidad, es nuestra elección, por eso la importancia de encontrar las respuestas en ti.

¿Cómo descubrimos esa respuesta que buscamos en nuestro interior? La respuesta a esta pregunta es relativamente sencilla, a pesar de las dudas, de los miedos a tomar una decisión bien sea acertada o no, tienes que entender que es la decisión que te corresponde y que es eso lo que te toca vivir en ese momento, pues bien para lograr esto solo es cuestión de concentración, de meditación, de respiración, de hacer caso a las señales del cuerpo, recuerda que este es el medio que tienes para transitar esta vida y el te conectará con el resto de ti y de tu entorno haciéndote saber donde está la respuesta que buscas en tu interior.

Seguramente tienes una amiga como la tengo yo y como la tenemos todos que es nuestra mejor confidente, por supuesto hablo de la almohada, está muy bien consultar con ella y revisar detenidamente tus pensamientos, en un estado de relajación donde estos te permitan ver con claridad la incógnita que tengas y lograr así que se manifieste con exactitud tu respuesta.

Como buenos seres humanos que somos nos gusta a veces como se dice tradicionalmente ahogarnos en un vaso de agua y olvidamos que el universo nos da señales muy claras, aprende a observarlas, inhalando y exhalando a plena conciencia, tomate unos minutos al día, tal vez en la mañana cuando tu cerebro está descansado y tus ideas están frescas será más fácil encontrar la respuesta, pues el estado de paz que logras tú contigo mismo es el estado ideal para encontrar esa respuesta que está como ya dejamos claro, dentro de ti, sólo en ti.

Agradece

Desde chicos en el hogar, en la escuela, en la sociedad, una de las primeras cosas que nos enseñan es agradecer, una de las primeras palabras que aprendemos es "gracias" y resulta simplemente que la conciencia colectiva sabe que ser una persona agradecida trae consecuencias que, en ningún caso, absolutamente en ninguno serán consecuencias negativas.

Cuando somos agradecidos el universo capta esas señales y al hacerlo nos devuelve lo que nos corresponde, y como dice el cantautor chileno Jorge Drexler en uno de sus temas, *"cada uno da lo que recibe, luego recibe lo que da"* en esta frase está resumido definitivamente lo que significa ser agradecido, si das amor, recibirás amor, si das gracias, recibirás gracias, obviamente, si das odio, recibirás odio, por ello debes cuidar lo que das, pero cuando das gracias (que es el tema en competencia), créeme cuando te digo que te llena más, que te sientes mucho más pleno cuando agradeces que cuando recibes, esto obviamente tiene un lazo de atadura con la humildad, con la buena voluntad, con el hecho de ser bueno.

Cuando hablamos del ego dijimos que una persona ególatra difícilmente calaría en la sociedad pues es muy difícil establecer buenas relaciones humanas cuando no se es agradecido o cuando no sabes agradecer, atención con esto, hay que ser agradecido, pero en muchos casos no bastará serlo, también habrá que saber dar gracias, expresarlo, decirlo, manifestarlo con un gesto.

Cuando hablamos de ser agradecidos, o de dar gracias, no estamos refiriéndonos exclusivamente al momento que estamos viviendo, no. Nos referimos a personas, situaciones entre otros que pudieron quedar atrás y que debemos identificar para no olvidar agradecer, eso sí, cuando agradezcas hazlo de corazón, no seas hipócrita, pues la hipocresía es fea y tiene un hedor espiritual que difícilmente podrás ocultar y lejos de ayudarte te sentenciará al desprecio y al rechazo de los demás.

Cuando damos algo no debemos volver a acordarnos de que dimos, esto pasará cuando el corazón esté involucrado y no el interés, pero cuando recibimos algo no debemos olvidar que lo recibimos, es así de simple, lo primero es ser agradecidos.

Por ahí escuche alguna vez que saber demostrar el agradecimiento es valer dos veces, y si estoy de acuerdo, una persona agradecida vale por dos, por esto te planteo un ejercicio sencillo que te ayudará a sentirte bien. Elabora una lista de unas quince o veinte cosas, lugares y/o personas a las que sientas que tienes algo que agradecer, bien por algo que viviste con ellas en el pasado o algo que estés viviendo en tu presente. Y entiende que todas esas cosas que quieres agradecer no son más que bendiciones en tu vida y agradéceles, y agradécelo también a la vida, a tu Dios, indistintamente de tu creencia, recuerda que dar gracias es un nutriente para tu espíritu, para tu corazón, para tu cuerpo.

Agradece a tu familia, a tus amigos, a los que están y a los que estuvieron, agradece a tus antiguos jefes de trabajo, a los de ahora, agradece a tus antiguas parejas, a la que puedas tener en este momento, agradéceles por todo, llénate y llénalas de buenas vibraciones y buena energía con tu agradecimiento, pues estas son parte innegable de lo que eres hoy, de estar donde estás hoy, y si alguna de ellas te hicieron o te han hacen daño indistintamente de que las sacaras o las debas sacar de tu vida no olvides perdonarlas y agradecer también el aprendizaje que te dejaron.

Agradece que estás vivo, y agradece en voz alta, deja que te escuche el universo cuan agradecido estás, deja que te escuchen las personas cuan agradecido estás, pues agradecer callado no le hará saber a nadie que lo estás y no tendrá ningún efecto, finalmente yo te agradezco, te agradezco por esta lectura, te agradezco ser parte de CAMBIAS O CAMBIAS, te agradezco lo que me das y te agradezco por existir.

Misión

Hay infinitas cosas que, que aprender, que descubrir, que tomar, que dejar, en las que creer, en las que no, y pare usted de contar las cosas que tiene la vida, pero de todas esas cosas hay una que vamos a decir que es la más importante para que se cumpla todo lo demás en nuestro cambio. "La misión de vida"

Este tema tuve el honor de compartirlo con mi amigo el Dr. José Antonio Tinto Dr. en Marketing por la Universidad Complutense de Madrid. Lic. En Administración y Contaduría pública por la Universidad de Los Andes. Y él nos dice precisamente que la misión de vida es lo primero. Pero también el Dr. nos habla de la pasión y de la visión y es que definitivamente hay un eslabón irrompible entre los tres conceptos. Vamos a desenredar todo esto, pasión-visión-misión. Ese sería el orden en que estaríamos ejecutando esta fórmula. Pero vamos a hacerla gráfica para comprender a exactitud.

Pasión → Visión → Misión

| Es lo que te gusta | Es lo que imaginas | Es lo que accionas |

Cuando hablamos de pasión como bien lo dice mi querido amigo el Dr. Tinto no es otra cosa que definir, que es eso que nos gusta, que es eso que queremos hacer en y con nuestra vida, eso que nos llena el espíritu, eso que no se hace por obligación sino por felicidad, porque nos hace palpitar con emoción el corazón, nos hace sentirnos vivos, en fin nos hace sentir bien y estar bien y ser feliz no es otras cosa que la plenitud. Cuando ahonda un poco en el tema el Dr. Tinto hace referencia al gran problema que existe a nivel mundial y más en nuestros países latinoamericanos, de la inmensa cantidad de individuos que viven sin hacer lo que quieren, generando esto como el lo refiere, traumas y frustraciones en todos estos, son esas personas que, aunque suene algo fuerte y patético decimos que están muertos en vida.

Visión: para crearnos esa visión de vida es necesario haber definido obviamente nuestra pasión, la visión de nuestra vida no es otra cosa que la proyección que hacemos nosotros de nosotros mismos en el tiempo utilizando nuestra imaginación. Dicho de otro modo, es cómo y dónde nos vemos en el futuro.

Misión: acá radica la importancia de todo, pues si decimos que la pasión nos llena el espíritu y la visión es nuestra imaginación, podemos decir que ambas son abstractas y que lo único que nos permitirá alcanzarlas será la misión, pues esta última es la acción, el trabajo, el tiempo entre otros que dedicamos a eso que es lo que realmente queremos hacer y ser, eso que nos apasiona, eso que tengo como vision para mi vida. Vamos a llevar esto al plano profesional, por ejemplo:

Si tu tienes ya definido y claro que la pasión de tu vida son las leyes y quieres ser abogado, proyecta con tu imaginación donde te vez, donde quieres estar, donde quieres llegar. Tal vez un doctorado, tal vez juez de la corte, proyéctate.

Ten una visión de lo que quieres ser y entonces tienes la misión de dedicarte a eso, y por supuesto que en la medida que lo hagas lograrás o no hacer realidad esa visión de vida que, aunque sea tácita un día se logrará palpar. Recordemos el ejemplo donde usamos la inventada y fea palabra "facebooklogía" donde decíamos que las redes mal utilizadas pueden ser un gran ladrón de energía, pues bien es esto de lo que hablamos, si te distraes de tu misión de vida, difícilmente lograrás hacer palpable tu visión y lo que es más triste aún, llegará el momento que te encuentres completamente separado de tu pasión.

La pasión debe ser, dice mi querido Dr. Una pasión transformadora, una pasión que pretenda hacer cambios o dejar huellas, y por el contrario no debe ser una pasión vana, yo me atrevería a decir que esto pude ser delicado pues si confundimos a la hora de definir esa pasión, si confundimos a esta con el gusto por algún *hobby* podríamos estar perdiendo tiempo, que te guste por decir cualquier cosa, patinar los domingos en la tarde no hace que esa sea la pasión de tu vida. Pero si lo es para el hombre que entrena de lunes a lunes y trata la mayor parte de su vida estar sobre las ruedas, va a competencias, dicta clases de patinaje, ese patinador sí que tendría claro cuál es su pasión, su visión y está tomando acciones, por lo tanto; está ejecutando su misión de vida. Tú que solo disfrutas del patinaje los domingos en la tarde, debes buscar cual es tu pasión, pues definitivamente el patinar no lo es.

Hay algo cuando viajo a los diferentes países que debo visitar bastante a menudo que se me hace curioso, y tiene que ver con dos cosas que plantea el Dr. Tinto, y no es otra que ese inmenso número de gente descontenta que no hace lo que quiere en esta vida a nivel latinoamericano por estar haciendo cosas por compromiso o lo que es peor aún y es una frase que en realidad para mi es una excusa "es que no puedo o no tengo tiempo, porque necesito dinero". Por dedicarse ¡y que a buscar dinero!

No podemos dejar de un lado y menos cuando queremos un cambio, a nuestros sueños, a nuestras metas, a nuestra visión de vida por creer que la búsqueda de ese dinero obligado nos va a hacer vivir mejor. El dinero es algo como todo en la vida que va y viene, que fluctúa, que fluye; y el te llegará... Si te dedicas a ti mismo este también llegará a tus manos. Tu misión de vida tiene que ser eso sí, trabajo, relaciones humanas, batallas diarias con el ego, con los detractores, con los ladrones de energía, etc. Tu misión de vida es pura acción ahora que quieres lograr ese cambio.

Esto es importante reconocerlo y tener el conocimiento de ello, pues hay que entender que, si queremos generar bienestar a otros, tenemos que comenzar por generar bienestar para nosotros mismos y el principal motivo no es el dinero, es la felicidad, nos dice el Dr. Tinto, y claro que sí, es imposible vibrar en positivo y transmitir buena energía a otros, sino se está bien con uno mismo.

Entonces ¿Ya sabes cuál es tu pasión? ¿Ya sabes cuál es tu visión? ¿Tienes definida tu misión? Si estas tres respuestas existen para ti, estás más que listo para tomar las riendas de tu vida en tus manos.

Dicho todo esto de una forma muy coloquial y sintetizada, Tienes que hacer y ser lo que tú quieres, no lo que quieren otros. Y esa respuesta está en ti, solo en ti. ¿Qué es lo que quieres?

Consciencia

Desde que somos chicos, una de las cosas que nos han tratado de enseñar siempre es a ser conscientes, a utilizar nuestra consciencia, y es que tener la entereza de escucharla a la hora de tomar decisiones para hacer nuestras elecciones es fundamental, pues tenemos que desarrollar la capacidad de saber identificar que es eso que ella nos dice, para ser más acertados en esas decisiones, en esas elecciones, que hagamos.

Muchas veces hemos visto en alguna película o serie de televisión como se representa a la consciencia buena o mala con un diablillo y un angelito parados sobre los hombros de la persona diciéndole que hacer, esto no tiene otra connotación que simplemente todas esas cosas que nos dice nuestro interior, que nos dicta esa consciencia, puede ser algo bueno, como también puede ser algo malo.

Digamos entonces utópicamente que tenemos dos consciencias, una que son esos pensamientos en positivo que sentimos y la otra los pensamientos no tan positivos pero que también están ahí y no podemos deslastrarnos de ellos.

Vamos a definir la palabra:

Consciencia: (según la RAE) Es el conocimiento que el ser humano tiene de su propia existencia, dé sus estados y de sus actos.

Consciencia: Conocimiento responsable y personal de una cosa determinada, como un deber o una situación.

Yo quisiera agregar acá un concepto que nos será tan útil como estos y que enlazaremos a los anteriores para entender y saber mejor cómo debe ser esa relación que tenemos que tener con nuestra conciencia. Y no es otro que "Sentido Común".

Sentido Común: Son los conocimientos y las creencias compartidos por una comunidad y considerados como prudentes, lógicos o válidos. Se trata de la capacidad natural de juzgar los acontecimientos y eventos de forma razonable. ... Dicho proceso es
realizado por este sentido interno y configura la percepción.

Cuando leemos algo como la capacidad natural de juzgar y que el proceso es realizado por el sentido interno y configurando la percepción, estamos hablando de consciencia. Pese a que ella es abstracta, está solo dentro de nosotros y somos en nuestras respectivas individualidades los únicos capaces de escucharla, al reconocer esto sabremos que únicamente nosotros, tenemos la respuesta a emitir ante cualquier situación, por ello si no la escuchamos con atención antes de tomar las acciones de nuestra vida cometeremos infinitos errores y no llegaremos a ningún destino.

Imaginemos por un momento que te encuentras a punto de cerrar un contrato de trabajo donde el horario que tendrás solo te da un día libre a la semana, a pesar que te ofrecen un buen dinero, en el momento de firmar tu consciencia te dirá "no lo hagas, el dinero no lo es todo, perderás el tiempo de estar con tu familia, te esclavizaras a estas oficinas, perderás mucho de tu tiempo personal" y la otra parte de tu consciencia te dirá "firma de una vez, no lo pienses, es un chorro de dinero".

Evidentemente esa controversia que en ese momento se te presenta, no es otra cosa que tu consciencia hablándote, si no la aprendes a escuchar tomarás una de las dos decisiones, pero sin saber en el fondo que es lo que realmente querías, pues al no escucharla, no serás capaz de evaluar tu situación aplicando el sentido común y puede que cometas el error de no hacer o no tomar la decisión que realmente querías.

¿Qué tan consciente eres? ¿qué tanto caso le haces a tu consciencia? Hacerse estas preguntas es algo muy refrescante pues te ayudarán a conocerte mejor a ti mismo. Y conocernos mejor cada vez más es algo absolutamente necesario cuando se está buscando el cambio. Te digo esto, porque el aprender a escuchar a tu consciencia es la llave que te abre las esposas que te colocas cuando estas indeciso entre tus propios pensamientos y decisiones, pero como siempre te digo, detente, respira, relájate, busca en tu interior, ahí está ella, tu consciencia, ella te dice qué hacer y cómo hacer, pero si no logras conectarte contigo mismo, todos estos secretos que ella tiene para ti, pasarán de largo y te los perderás.

Muchas veces te pasará, que al aprender a escucharla sabrás conscientemente que alguna de las acciones que estás por tomar no son las adecuadas pues decidiste escuchar a tu "consciencia mala", pero en dado caso, el hecho de tomar la decisión después de haberla escuchado será el uso de tu sentido común, a donde te lleve el escuchar la parte que no debas, será en todo caso tu absoluta responsabilidad. Pero vamos a ubicarnos plenamente en el presente, en realidad el punto a donde quiero llegar es a que reflexiones con absoluta consciencia:

¿Qué tan consciente eres de tu hoy, de tu presente, de lo que estás viviendo actualmente?

Cuando te pido hacerte tal pregunta, no es por otro motivo que hacerte ver conmigo de la mano, como somos presa fácil de este sistema y muchas veces nos convertimos en autómatas, en robots que solo seguimos patrones impuestos o sugeridos, dejando de un lado nuestra capacidad de escuchar nuestra consciencia, lo que provoca al término un aplastamiento de nuestro sentido común que se traduce simplemente en ser una persona que vive a la mitad. Hoy más que nunca es necesario desarrollar este particular poder de saber escuchar nuestra consciencia, pues estamos rodeados de cosas apabullantes, guerras, terrorismo, maltratos de géneros, entre otras muchísimas cosas malas y aunque no entendemos porque estas cosas pasan lo que si es seguro es que para soportarlas, criticarlas, sacar aprendizaje de ellas y no permitir nunca caer en el juego que éstas plantean, es absolutamente necesario saber escuchar nuestra consciencia y ser efectivos con nuestro sentido común.

Convencido estoy que en este mundo somos más las personas buenas que las malas, pero el hilo entre la maldad y la bondad es muy delgado y generalmente quienes lo rompen y solo se conforman con ser malas personas (sin contar los casos patológicos) son personas que no tuvieron la capacidad de aplicar su sentido común por no haber sabido escuchar a su conciencia, dicho muy brevemente, son personas inconscientes.

Todo esto debe servir de ejemplo para entender que todo lo que en este momento vives en tu vida ha sido provocado por ti, y deberías tener consciencia de ello, de no ser así hazte la pregunta: ¿Qué tan consciente estás de que lo que te sucede en la vida ha sido provocado por ti mismo? A consciencia o sin ella, pero sólo tú lo provocaste, por ello debes aprender a escucharte, para que hagas las cosas con consciencia.

La consciencia no es tangible, tampoco aplicable a un solo sentido, espacio, o tendencia científica o social, es algo que está ahí para todos, y que todos sabemos de su existencia pero que muchos se empeñan en no escuchar y lo que es peor, hay quien se niegue a aceptarla.

Cuando se habla por ejemplo de consciencia política, no es otra cosa que el deseo colectivo, generado por todas las consciencias de que se haga el mejor uso del sentido común en el momento de tomar decisiones que repercuten irremediablemente en la colectividad. Así mismo será y se aplicará para nosotros mismos escuchar a esta, nuestra consciencia, sólo nos ayudara a tomar las más acertadas decisiones, entonces, si tu consciencia está como se dice popularmente "dormida", es hora de despertarla para lograr ese punto de encuentro con ella que será un trampolín para el gran salto hacia el cambio.

Fluye

Más que fluir en lo personal me gusta llamarle "el arte de fluir" pues considero que entender todo lo que conlleva a ello lo convierte definitivamente en un arte, por otro lado, podríamos decir que es la conjunción de todo lo que hasta ahora hemos aprendido y reflexionado, pues todo de lo que hemos hablado será necesario ponerlo en practica para conseguir volvernos esos artistas de arte tan bello y necesario como es el fluir.

A pesar de que ya dijimos que tenemos que tener el control de nuestra vida y sobre las cosas que a ella competen, es necesario acá entender una vez más que no podemos tener el control sobre todas las cosas, pero esto no significa en ningún caso que debemos dejar de planificar y proyectar nuestro futuro con esa visión clara que debemos tener de él y la misión que tenemos que llevar a cabo para conseguirlo.

Tenemos que aprender que muchas de esas cosas que proyectamos o planificamos habrá momentos donde no se puedan llevar a cabo como lo queríamos pues estas se abren paso fluyendo de otra manera, esto no quiere decir que sea desventajoso o nos pueda traer resultados diferentes necesariamente. Esto lo que nos enseña que hay que tener la capacidad de respuesta y escuchando la consciencia con mucha sabiduría dejar que las cosas fluyan y tomar el cause de estas a nuestro favor, ser los artistas como ya te dije de este "arte de fluir".

En la vida todo fluye, el mejor ejemplo quizá sea el agua, ella tiene sus causes, ella fluye y sigue su rumbo, por más que se quiera parar es imposible, el agua solo sabe fluir, no entiende de represas, aunque el hombre construya la más grande de ellas, el día que el agua quiera continuar su cauce, así lo hará, utilicemos el recurso literario de la metáfora, para llevar este ejemplo a nuestra vida. Hay que dejar fluir y hay que fluir como personas en y con la vida, sin pretender represarla para evitar el riesgo de una gran inundación de decepciones y frustraciones que pueden llegar a ser fatales.

Hay una palabra que es la "terquedad" que debes cuidar mucho dentro de tus formas, ser una persona terca, de esas que no dan el brazo a torcer como decimos todos, te significará sin duda una gran traba para lograr la práctica del arte de fluir, deja esta terquedad de un lado, ábrete al universo y las señales que este te envía, no nades contra corriente, esto te desgastará y se convertirá en un gran monstruo que te robará toda tu energía.

Por todo ello comprende que la vida tiene su propio ritmo, su propio cause y tienes que dejarla fluir, pero sabiendo que tienes que ser tú el que navegue este río y lleve el timón de su propia barca, es decir, aunque la vida fluya, aunque tu te conviertas en un artista en el arte de fluir, debes tomar tus propias decisiones, debes hacer tus propias elecciones, debes saber decir "no", debes identificar tus detractores, debes saber comunicarte efectivamente, debes aprender a convivir con tu pasado, debes en fin, manejar todos los datos que en este libro te brindo para que te conviertas en el artista más estupendo en "el arte de fluir". Si logras esto ya estarás disfrutando de tu éxito, de tu plenitud, será ese último paso para tu auto superación, y cuando está llega, todo es palpable.

Viaje

Este punto es un añadido que quiero hacer para compartir contigo algo de mi experiencia, pues si en algo la tengo es en este hermoso asunto que significa viajar. No necesariamente viajar será una condición para que logres el cambio, pero no puede quedar duda que hacerlo es crecimiento, educación, ampliación de la cultura popular y universal, viajar es una medicina para el alma, un estímulo indudable hacia el crecimiento.

Me permito contarte que solo tenía veinte y cinco años cuando me propuse la meta de llegar a mis cuarenta años y conocer cuarenta países al menos, pues debo decirte con total orgullo que, si lo logré, fue en Tailandia donde logré palpar a mis cuarenta el logro de tal meta. Y más allá de lo bendecido y afortunado que me puedo sentir por ello, lo que quiero compartir contigo es el placer que todo esto de viajar significa, cuando hablamos del apego y el desapego te conté que había aprendido a viajar ligero, pues si, es parte de lo que significa el arte de viajar, te enseña a desapegarte, a cargar pocas cosas o solo las necesarias, te deja conocer nuevas personas y esto te permite establecer relaciones humanas, conoces otras culturas, ves otros modos de comer, de bailar, en fin, te permite ver el mundo desde otra óptica, y sobre todo te permite ver el mundo compartiendo la óptica de otros.

Muchas personas piensan que para viajar hay que ser millonario o algo así y déjame decirte que muchas veces ese viaje que puede cambiar tu vida no está ni siquiera fuera de las fronteras de tu país, es solo cuestión de organizarte, es solo cuestión de querer sentir ese inmenso placer que produce el arte de viajar.
Planifícate, tal vez dejando algún vicio, o las salidas regulares a fiestas o que se yo que otra actividad de esas que solo dejan gastos y momentos no del todo productivos que puedas dejar para comenzar ahorrar en función de ese viaje que te puedas plantear, como quiera que sea, te invito a que te planifiques un viaje, que salgas a un entorno diferente con gente diferente del tuyo y pongas en acción todo lo que hasta acá hemos aprendido o repetido, recuerda que el simple hecho de la planificación ya será un excelente ejercicio para practicar tu sapiencia.

CONCLUSIONES

" Recorrido: Es la acción y efecto de recorrer (atravesar un espacio, efectuar un trayecto, registrar con cuidado, repasar) Trayecto, ruta, itinerario, camino, marcha, jornada, viaje."

"Recorrer: Andar, pasar, transitar, ir, venir, caminar, peregrinar, correr, callejear."

Aunque puede parecer algo irrelevante o tal vez pueda parecer parte del viaje déjame decirte que no es así, el recorrido es ese camino que tenemos que hacer, esas experiencias que tenemos que vivir, esas personas que tenemos que conocer, esas comidas que tenemos que consumir entre muchas otras cosas que son el todo que hacen el viaje.

El recorrido empieza con la idea de que quieres viajar, continua con la planificación y no concluye hasta no terminar el viaje, y no me refiero a viajar a otro país o a otro estado solamente, no. Me refiero a la propia vida, nuestra vida es un viaje, como lo es el que hacemos a un destino físico obviamente y cada uno tiene su recorrido, sus vivencias. Se complementan, compenetran y nos brindan un aprendizaje que se traduce en eso que tanto nos gusta a todos y llamamos experiencia.

Lo más importante no es el destino, lo más importante es el camino, no debemos enfocarnos absolutamente en la meta final de nuestro viaje, pues puede ocurrir que esto no nos permita ver los escollos y las bendiciones que el recorrido hacia esa meta nos brinda.

Debemos ir recorriendo el camino con firmeza, con determinación, muy claros de cual es nuestra misión, sabiendo siempre a donde queremos llegar pero no olvidando nunca la necesidad de la respiración, la concentración y meditación que nos permita librar todas las batallas necesarias en este recorrido para lograr la meta sin mayores percances, quiero decirte y dejar muy claro acá que para lograr esa felicidad, ese éxito, esa plenitud que estamos buscando, muchas veces no es necesario haber llegado al destino de nuestro viaje, muchas veces la encontramos en el recorrido hacia ese destino, hacia esa meta, pues como te dije ya, lo importante es el camino y no el destino.

Emprende el tuyo, descúbrelo, vívelo, recorre tus fronteras, recorre hacia tus destinos, recorre lleno de placer y convicción ese hermoso viaje que es tu vida y lógralo con el cambio, el momento es ya, es ahora, sonríe y comienza, la vida es hoy, mañana, mañana no sabemos.

Te invito a vivir cada uno de estos capítulos en mis 52 cápsulas que hice en mi canal de youtube durante 52 semanas consecutivas y que son la fuente principal de esta meta materializada en esta guía para lograr el verdadero cambio.
www.youtube.com/gusbel73

AGRADECIMIENTOS

Primeramente, a la vida misma, que es la que ha hecho posible llegar hasta aquí.

A mi más ferviente e increíble lectora, MI MOM

A una de mis seguidoras fieles, mi ahijada NICOLE.

Sin duda a ti que tienes este libro en tus manos, o mejor dicho esta guía que espero te ayude a lograr ese cambio que tanto quieres.

A mi familia, amigos, conocidos y cada uno de esos seres vivos que aportaron hasta hoy tanto en mi vida.

A ti; A.M, C.C, D.O, E.R, A.S por hacerlo posible

¡Por siempre a GAMA!

Simple y poderosamente, ¡GRACIAS!..

Made in the USA
Middletown, DE
24 October 2022